Iwan Wodkin

STO GRAMM

DAS WODKA-BUCH

*Herausgegeben und übersetzt
von Anna Wässlein*

★ EULENSPIEGEL VERLAG ★

INHALTSVERZEICHNIS

Am 1. Februar 2009 starb unerwartet Iwan Iwanowitsch Wodkin auf seiner Datscha im Moskauer Vorort P. Als die Nichte Natascha kam, um wie immer sonntags nach ihrem Onkel zu schauen, saß er zusammengesackt an seinem Arbeitstisch. Vor ihm lag das Manuskript zu seinem neuesten Buch, das er dem russischen Wodka gewidmet hatte. Wodkin war ein Kenner der russischen Trinkgelage und der russischen Seele. Er versetzte seine Freunde immer wieder durch seine Trinkfestigkeit in Erstaunen. Nach einer Flasche Hochprozentigem war ihm nichts anzumerken, im Gegenteil, er wurde immer munterer und scharfsinniger.

Die Nichte hatte sich durch hohen Schnee zu dem Häuschen durchkämpfen müssen. Über Nacht war plötzlich grimmige Kälte ausgebrochen, und es schneite ununterbrochen. Im Häuschen selbst waren es minus 17 Grad. Vor Iwan Iwanowitsch stand eine halbleere Flasche »Moskowskaja«, der ihm jetzt nicht mehr half, sich aufzuwärmen und den Geist anzuregen. Fünf Tage später, nachdem die Nichte alle Formalitäten erledigt und den Onkel unter die Erde gebracht hatte, nahm sie das wenigen Habseligkeiten aus dem bescheidenen Häuschen an sich, darunter Iwan Iwanowitschs Computer und das Manuskript des fast fertigen Buches. Die Wodkaflasche rührte sie nicht an. Auf der Rückfahrt von P. nach Moskau mit der Elektritschka begann sie sofort in den Seiten zu lesen und hörte erst wieder auf, als sie das Manuskript durchhatte. Mir erging es übrigens ebenso.

Der Zufall wollte es, dass ich wenige Tage später nach Moskau kam. Mein russischer Freund, ein Schriftsteller und Bekannter von Wodkins Nichte, erzählte mir von dem unfertigen Wodka-Buch. Ich suchte Natascha auf, die mir das Manuskript und noch völlig unbearbeitete Notizen aus dem Computer übergab. Zu Hause machte ich mich sofort an die Übersetzung und scheute mich nicht, auch die unfertigen Texte in die deutsche Ausgabe zu übernehmen, nachdem ich sie im Sinne des Autors ein wenig bearbeitet hatte. Ob das Original in einem russischen Verlag gedruckt wird, ist mir nicht bekannt. Womöglich sind wir die ersten, die Wodkins Buch herausbringen, mit Hilfe seiner beiden engsten Freunde Nikolai und Boris, die so freundlich waren, mir manches Alkoholproblem zu erklären. Danke für eure Unterstützung, Kolja und Borja!

Hier also zu Ihrem Vergnügen und zu Ihrem Nutzen Iwan Iwanowitschs Aufzeichnungen über den russischen Wodka.

Die Übersetzerin
Berlin, im August 2009

★ DIE FLASCHE MIT DER TRÄNE ★

Wenn es etwas zu feiern gibt, ist es für mich das Schönste, eine eisgekühlte Flasche Wodka zu öffnen, die vor Kälte beschlagen ist und an der langsam eine Träne herunterrinnt. Diese Träne symbolisiert die Freude und die Melancholie, die die russische Seele in sich vereint. Und die Zartheit und Weichheit, die wir an den Frauen so lieben. Und an einem guten Wodka natürlich.

Das Wort »Wodka« ist im Russischen weiblich. Wenn ein Russe dieses Wort in den Mund nimmt, schwingt immer ein wenig Erotik mit. Wenn der Russe trinkt, macht er den Wodka zu seiner Geliebten. Das Wort »Wodka« ist eines der emotionalsten in der russischen Sprache. Die Russen werden ganz verlegen, wenn sie es aussprechen. Rutscht es ihnen dennoch heraus, werden sie zu Verschwörern und strahlen eine ans Mystische grenzende Erregtheit aus. Die Seele fängt an zu beben, dann erstarrt sie in Angst und Furcht, so als stünde der Mensch vor einem wilden Tier.

Mein Freund, der Filmregisseur A., legte einmal eine Flasche Wodka und zwei Trinkgläser ins Tiefkühlfach. Er wollte sie zum Feiern herausholen, wenn sein neuer Film einen Produzenten gefunden hätte. Und unbedingt sollte eine Träne an der beschlagenen Flasche herunterlaufen. Aus dem Film ist leider nichts geworden, aber ein Buch ist erschienen. Und darauf haben wir dann die eiskalten Sto Gramm getrunken, aus den vereisten Gläsern, zuerst mit Melancholie, dann mit zunehmender Freude. A.s Frau hatte für uns ein wunderbares Essen gekocht: Pellkartoffeln mit gesalzenem Hering und selbst eingelegten Pilzen. Bei der einen Flasche ist es natürlich nicht geblieben, denn A. hat mir eine Geschichte nach der anderen erzählt. Eine habe ich mir besonders gut gemerkt:

★ WODKA AUF STALINS MÜTZE ★

A. war in jungen Jahren einmal mit einem Moskauer Theater auf Gastspielreise in Stalingrad an der Wolga, im heutigen Wolgograd. Es war das Jahr 1956, drei Jahre nach Stalins Tod. Die sogenannte Tauwetterzeit hatte begonnen, als die Menschen nach dem Regime des Diktators Freiheitsluft atmeten. Auch in der Natur war gerade Tauwetter. Die Wolga befreite sich krachend vom Eis. A. hatte sich zusammen mit seiner Theatertruppe am Flussufer auf einen riesigen Stein gesetzt. Sie beobachteten den Eisgang und hatten eine Kiste Wodka vor sich stehen. Sie feierten den Erfolg ihres Stückes, das lange Zeit verboten gewesen war und nun aufgeführt werden konnte. Für A. war das der erste Wodka in seinem Leben. Ihm wurde natürlich schlecht, und im Rausch glaubte er, dass sie auf Stalin säßen und über ihn triumphierten.

Als sie am nächsten Tag zu ihrer Uferstelle zurückkehrten, um frische Luft zu schnappen und den Kater zu bekämpfen, entdeckten sie unterm Schnee tatsächlich das übermenschlich große, umgestürzte Stalin-Denkmal. Die steinerne Schirmmütze des Generalissimus war abgefallen. Auf ihr hatten sie am Tag zuvor den Wodka getrunken.

Aber eigentlich hat Stalin wenig mit Wodka zu tun, er trank viel lieber den georgischen Rotwein Kindsmarauli und nahm nur manchmal ein Gläschen Wodka zu sich. Seine Untergebenen allerdings hat er mit Wodka betrunken gemacht und dann über sie gelacht.

Kein Schritt zurück

Theaterleute haben jedoch viel mit Wodka zu tun. Einmal schenkte eine Verehrerin meinem Freund A. Blumen und Konfekt zur Premiere. Er aber ließ ihr enttäuscht ausrichten: »Sagen Sie der Dame, dass Künstler Blumen und Konfekt nicht trinken.«

Mit den Schriftstellern ist es ähnlich.

★ ANTON TSCHECHOW ★
UND DER WODKA

Jeder weiß, dass bei vielen Schriftstellern das Trinken zum schöpferischen Prozess gehört. Ohne Wodka oder Cognac oder Wein keine Inspiration. Das heißt, die meisten fangen zu schreiben an, wenn sie den Katzenjammer nach dem Trinken bekämpfen. Sie überwinden beim Schreiben also den Kater. Und was dabei herausgekommen ist, weiß auch jeder, nämlich die große russische Literatur.

Mein Lieblingsschriftsteller Anton Tschechow zum

Beispiel hat sehr gern Wodka getrunken. Das bezeugen seine Zeitgenossen. Außerdem kann man es in seinen Tagebüchern und Briefen nachlesen. Sogar einige Minuten vor seinem Tod in Deutschland, in Badenweiler, hat er getrunken, allerdings Sekt, auf Anraten des deutschen Arztes Dr. Schwoerer, der Tschechows Kreislauf beleben wollte. Aber der Sekt half nicht, wenige Minuten später ist Tschechow gestorben. Ich wette, ein Glas Wodka, ein Gläschen vom besten und reinsten Wodka, hätte sein Leben verlängert!

Tschechows Schwester Mascha, die ihren Bruder abgöttisch liebte, erinnert sich an einige Begebenheiten, bei denen Anton, Antoscha, nicht mehr ganz nüchtern war. Natürlich hätte sie nie zugegeben, dass ihr Liebling je volltrunken war. Aber ihre folgende Schilderung lässt eine andere Einschätzung zu: »Der Mann, der uns das Sommerhaus vermietete, organisierte einmal ein Picknick, das unter keinem glücklichen Stern stand. Anton war bereits um drei Uhr nachts von dem Picknick mit dem Reisewagen wieder weggefahren. Auf der Fahrt nach Hause, so erzählte er, hätten die Pferde gescheut und seien durchgegangen. Die Kutsche sei zerbrochen und er selbst hinausgefallen. So erklärte mein Bruder den Umstand, dass er zu Fuß und mit geschwollener Nase nach Hause kam.«

Seit 1898 lebte Tschechow in Jalta auf der Krim. Viele Schriftsteller besuchten ihn dort, unter anderem Iwan Bunin. Im April 1901 fuhren beide mit der Kutsche nach Gurzuf, einem kleinen Badeort direkt am Schwarzen Meer, und ließen es sich bereits am Morgen in einem Restaurant gut gehen. Davon zeugt die Rechnung, die die Nachkommen in Tschechows Papieren fanden. Der Schriftsteller war ein sehr ordentlicher und gewissenhafter Mann.

Was kann es Angenehmeres geben, als nach dem Abendessen auf der Terrasse zu sitzen und ein Gläschen Wodka zu trinken!
Anton Tschechow in einem Brief an seinen Bruder Mischa

2 Meergrundeln à la femme au naturelle ...	1 Rubel 50 Kopeken
1 Flasche Wein extra sec	2 Rubel 75 Kopeken
8 Gläser Wodka	2 Rubel 40 Kopeken
1 Filet	2 Rubel
2 Lammschaschlik	2 Rubel
Salade tirbouchon	1 Rubel
Kaffee	2 Rubel
Insgesamt	**13 Rubel 95 Kopeken**

Wenn Tschechow eine neue Geschichte geschrieben hatte, erzählte seine Schwester Mascha es überall stolz herum. Tschechow selbst gefiel ganz und gar nicht, dass Mascha mit ihm angab, und einmal erteilte er ihr eine harte Lehre. Mit Hilfe einer Flasche Wodka.

MARIA TSCHECHOWA
»MEIN BRUDER ANTON TSCHECHOW«
....

Ich werde nie vergessen, wie mich Anton peinigte, als wir mit dem Zug nach Moskau fuhren. Zufälligerweise saß im selben Wagen wie wir Professor Storoshenko, bei dem ich Vorlesungen gehört hatte. Ich sagte das meinem Bruder und bat ihn, nicht übermäßig zu trinken und keinen Unfug zu machen, wie er das üblicherweise tat. Aber er dachte sich absichtlich alle möglichen komischen Sachen aus, mit denen er mich in Angst und Schrecken versetzte und mich blamierte. Plötzlich erzählte er aus heiterem Himmel so laut, daß man es in allen Abteilen hören konnte, er arbeite als Koch bei einer Gräfin. Er beschrieb genau, wie er in der Küche verschiedene Speisen zubereitet, wie ihn die »Herrschaft« lobt und wie gut sie zu ihm ist. Der Violoncellist Semaschko, der mit uns reiste, spielte mit und gab sich als Kammerdiener aus, der ebenfalls bei irgendwelchen »Herrschaften« im Dienst stand. Sie erzählten einander abenteuerliche Geschichten aus ihrem »Dienstbotenleben«.

Ich saß völlig erstarrt da und tat so, als ob ich sie nicht kenne. Aber Anton piesackte mich noch schlimmer. Zu guter Letzt holte er eine Wodkaflasche aus dem Koffer und begann mit Semaschko zu trinken und mir zuzuprosten. Ich wäre am liebsten im Erdboden versunken.

Ich hatte einen Freund, das war der berühmte Schriftsteller T., ebenfalls ein Liebhaber des Wodkas. Er trank mit Vorliebe Samogon, Selbstgebrannten. Das heißt, er brannte ihn nicht selbst, er hatte gar keine Erfahrung darin und auch keine Geräte. Aber seine Bewunderer, Physiker aus Moskau und Sibirien, Musiker und andere Intellektuelle, die Leute aus seiner Heimat, einem nordrussischen Dorf, schickten ihm zum Zeichen der Verehrung Selbstgebrannten, natürlich vom Feinsten, weil sie wussten, wie er sich über solch ein Geschenk freute.

Einmal besuchte ich ihn in der Schriftstellersiedlung K. bei Moskau, wohin er sich zum Schreiben zurückgezogen hatte. Wir saßen in der Küche seiner Datscha. Mit einem verschwörerischen Lächeln holte er aus einem Versteck eine Flasche mit Selbstgebranntem hervor und schenkte uns ein: »Von meinen Physikerfreunden aus Sibirien. Ich habe ihnen meine verbotene Erzählung ›N.N.‹ vorgelesen, und hiermit danken sie mir.« Schwungvoll stellte er die Flasche mit der goldbraunen Flüssigkeit auf den Tisch.

Was für ein köstliches Getränk war das! Der staatliche Wodka kann sich damit nicht vergleichen. Dieser Samogon schmeckte dermaßen gut und war so bekömmlich, dass wir zu zweit die große Flasche austranken und keinerlei negative Folgen spürten. Auch nicht am nächsten Morgen. Im Gegenteil, wir fühlten uns von innen erwärmt und belebt, mit einem Wort – sauwohl! Aber vielleicht lag das auch an unserem innigen Gespräch in der kleinen Küche und an der guten Sakuska – hauchdünne Plinsen, die wir mit allen möglichen Köstlichkeiten füllten: mit Kaviar, Salm, Pilzen, Smetana *(saure Sahne, Anm. d. Übers.)* und Honig. Und zu unseren Füßen lag T.s Hund Taiga, eine Laika, die ihm ebenfalls die Sibirier geschenkt hatten.

Als T. einmal zur selben Zeit wie ich in Berlin war, zeigte uns mein Freund Manfred eine typische Eckkneipe. Wir aßen Bockwurst mit Brötchen und tranken Wodka und Bier dazu. T. gefiel dieses Ritual so gut, dass er immer wieder sagte: »Die Sache wiederholen wir. Noch einmal dasselbe.« Nach mehreren Wiederholungen brachte uns Manfred das Lied »Gib mir den Wodka, Annuschka« bei. Eine Strophe habe ich mir gemerkt:

> Gib mir den Wodka, Annuschka,
> Und mach kein Gesicht,
> Denn Wodka ist fein
> Und du bist gemein!

Ich kann mich nicht mehr erinnern, auf wie viele Bockwürste und Schnäpse wir es gebracht haben. Das Lied jedenfalls hat mein russischer Freund nach einiger Zeit singen können.

★ BORJA, KOLJA UND ICH ★
MONTAG, 7. JANUAR 2008

Ich habe zwei Freunde, mit denen ich ab und zu in eine Kneipe gehe – russisch »Kabak«. Sie heißen Borja und Kolja, Boris und Nikolai. Borja hat einen rotblonden Bart und eine Glatze, während Kolja immer tadellos rasiert ist und ein ernstes Gesicht macht, wenn er seine Witze erzählt. Wir haben zusammen Physik studiert und dann alle drei im hohen Norden gearbeitet, in einer Stadt, deren Namen nicht einmal ein Russe auf Anhieb aussprechen kann, in Syktywkar, der Hauptstadt der Republik Komi. Wir mussten dort die Einwirkung radioaktiver Strahlung auf biologische Organismen untersuchen. Das war Anfang der sechziger Jahre des 20. Jahrhunderts. In dieser Zeit wusste man noch nicht, wie schädlich radioaktive Strahlung ist. Wir dachten immer, unsere Kopfschmerzen kommen von den Saufgelagen. Heute wissen wir, dass der billige Wodka nicht der einzige Grund war.

In den siebziger Jahren gingen unsere Wege auseinander. Aber dann haben wir uns nach vielen Abenteuern in Moskau wiedergetroffen. Die Liebe zum Wodka verband uns gleich am ersten Tag wieder aufs Neue.

Zu sowjetischen Zeiten musste man lange suchen, ehe man ein gutes Restaurant fand. Und dann war es noch fraglich, ob man einen Platz bekam. So ähnlich wie in dem jüdischen Witz vom Restaurant »Nostalgia«:

In Tel Aviv hat ein sauteures Restaurant eröffnet mit Namen »Nostalgia«. Um dort hineinzukommen, muss man in einer langen Schlange warten, wird dann von einem Platz auf den anderen gesetzt, beim Bezahlen beschissen, angepöbelt, bekommt verdorbenes, schlecht zubereitetes Essen, und wenn man das Lokal verlässt, wird einem hinterhergerufen: »Wenn's dir hier nicht gefällt, hau doch ab nach Israel!«

Weil es in Moskau keine gute Kneipe für uns gab, gingen wir meist in die Bierbar auf der Puschkinstraße, obwohl wir dort stehen mussten. Aber dafür konnten wir unsere eigene Wodkaflasche mitbringen, und kein Kellner hat das beanstandet.

Sonst haben wir natürlich gemütlich zu Hause gesessen, in der Küche. Jaja, die berühmten Moskauer Küchen. Was haben sie nicht alles gesehen: Saufgelage, Familienfeiern, geheime politische Gespräche, Gitarrenkonzerte. Der Hering auf dem Tisch ließ einem das Wasser im Mund zusammenlaufen, die Gläser wurden aufgefrischt und wir fühlten uns wohl.

Heute findest du in Moskau alle hundert Meter ein Restaurant, in dem du den besten Wodka trinken kannst. Allerdings muss man eine Menge Scheine hinblättern, und das Mitbringen der eigenen Flasche ist auch nicht mehr so leicht, man wird schief angesehen. Na, westlicher Standard eben.

Wenn Borja, Kolja und ich Wodka trinken, gesellt sich manches Mal ein junger Engländer zu uns, der in Moskau arbeitet. Wir haben James unter unsere Fittiche genommen, damit er sich nicht so einsam in der großen Stadt fühlt und nach einem trockenen, langweiligen Tag in der Deutschen Bank auch mal eine Freude hat. Wir nennen ihn natürlich nicht James, sondern auf unsere Art liebevoll »Dshemka«. Dank unserer Hilfe und der Saufgelage ist Dshemka fast ein vollwertiger Russe geworden. Er kennt sogar unsere Flüche und benutzt sie auch. Das kostet einen Ausländer schon eine gewisse Überwindung. Ein Deutscher beispielsweise bringt unseren häufigsten Fluch, der nur aus drei Wörtern besteht – »Еб твою мать« – in seiner Sprache nicht über die Lippen. Die Engländer haben diese Hemmung nicht und sagen ganz frei und laut: »Motherfucker«. Sie haben wohl eine gesündere Beziehung zu ihrer Mutter. Bei den Deutschen ist immer gleich Freud mit im Spiel. Dabei ist der russische Fluch inzwischen so verschliffen und so weit weg vom ursprünglichen Sinn, der Aufforderung, mit der eigenen Mutter Sex zu haben. Heute kann man Freude oder Kummer, Zorn oder sonst was mit diesen drei Wörtern ausdrücken: Es ist zum Beispiel durchaus möglich zu sagen: Mein Gott, ich gehe durch die Stadt und wer biegt da plötzlich um die Ecke! »Jeb twoju mat!« Das ist ja mein alter Kumpel Sowieso! Eine ganz andere Frage ist, dass man mit diesem alten Kumpel sofort in die nächste Kneipe geht und einen auf das Wiedersehen trinkt.

Wie ein richtiger Russe zu trinken, hat Dshemka allerdings noch nicht gelernt. Dazu muss man in Russland geboren sein, wir haben es mit der Muttermilch eingesogen. Wenn wir in der Kneipe sitzen, Borja, Kolja und ich, und unseren Wodka bestellen, benehmen wir uns ganz wundersam. Als ob sich ein Loch in unserem Unterbewusstsein auftut, in dem es brodelt und schäumt. Das Unterste wird zuoberst gekehrt. Nach außen machen wir die merkwürdigsten Gesten, und unser Gesicht verzerrt sich zu einer komischen Maske. Die Augen beginnen zu brennen, die Hände werden gerieben. Borja zwinkert, Kolja guckt verschämt nach unten, ich lache dümmlich übers ganze Gesicht. Manchmal schnipsen wir auch mit den Fingern. So ergeht es allen Russen. Niemand bleibt gleichgültig, wenn es um Wodka geht. Wir hängen alle vom Wodka ab, mehr noch als von einem politischen System.

Wenn Borja, Kolja und ich zusammensitzen, im »Kabak«, in der Kneipe, oder wie in alten Zeiten zu Hause in der Küche, erzählen wir uns jedes Mal Geschichten und Legenden.

Oftmals habe ich unsere Gespräche danach in meinem Computer-Tagebuch aufgeschrieben.

Wir sitzen alle in Borjas Küche. Borja, der sich seit jeher sehr ernsthaft für Politiker interessiert, gibt folgenden Fall zum Besten, von dem er gerade gelesen hat: »Das war zu Beginn der siebziger Jahre. Andrej Gromyko, der damalige Außenminister der Sowjetunion, kehrte mit dem Auto von seiner Regierungsdatscha nach Moskau zurück. Wie es der Zufall will, war sein Chauffeur an diesem Tag Leonid Breshnjew, der spätere Generalsekretär der KPdSU. Da die Regierungsleute in den Bonzenschleudern immer allein saßen, wagte Gromyko ein wundes Problem anzuschneiden: ›Leonid Iljitsch‹, sagte er zu Breshnjew, ›wir müssen irgendwas mit dem Wodka machen. Unser Volk säuft sich zu Tode.‹ Breshnjew antwortete nicht. Gromyko bedauerte bereits, dass er die Frage gestellt hatte, als Breshnjew plötzlich nach fünf Minuten wie aus tiefem Schlaf erwachte und sagte: ›Andrej, der Russe kann ohne Wodka nicht leben.‹«

Ich bin nicht traurig, ich bin nüchtern!

★ GORBATSCHOW ★
UND DER TEUERSTE SEKT DER WELT

Auch ich habe mich neulich in die Politik eingemischt. Und Michail Gorbatschow besucht.

Gorbatschow war beim Volk nicht nur durch Perestroika und Glasnost berühmt geworden, sondern auch deshalb, weil er nicht auf Breshnjews Weisheit gehört und den Alkohol verboten hatte.

Meine beiden Saufbrüder staunten nicht schlecht, dass ich beim ehemaligen »Gensek« war, dem Generalsekretär der Kommunistischen Partei der Sowjetunion. Dabei hatte ich das Gefühl, Gorbatschow freue sich sogar über meinen Besuch in seinem Büro auf dem Leningrader Prospekt in Moskau. Er war sehr gealtert, ganz weißhaarig, füllig geworden und schien mir ziemlich vereinsamt zu sein. Und da kommt einer, der sich für ihn interessiert. Mischa lebte direkt auf.

Wir saßen zu zweit im Büro, von der Wand blickte Mischas Frau, Raissa Maximowna, die Erde möge ihr leicht sein, auf uns herab. Gorbatschow fragte mich verwundert, warum ich ausgerechnet zu ihm komme. »Weil Sie der Hauptfeind des Wodkas sind«, erklärte ich ihm. In der gesamten Wodkageschichte war er der einzige Regent Russlands, der dem Getränk konsequent den Krieg erklärte.

»Die Statistik war erschreckend«, erzählte er mir. »Arbeitsunfälle, Niedergang der Arbeitsproduktivität, niedrige Lebenserwartung, Verkehrsunfälle.«

Bereits 1972, lange vor Gorbatschow, war dieses Problem auf einer Politbürositzung angeschnitten, dann aber vertagt worden. Man konnte zu keiner Lösung kommen, da selbst das Staatsbudget »an der Flasche hing«, denn es war unmittelbar vom Verkauf des Wodkas abhängig.

Einen Monat nach seinem Amtsantritt, im Mai 1985, unterschrieb Gorbatschow den bekannten Beschluss »Über die Maßnahmen zur Überwindung von Trunksucht und Alkoholismus«. Er begann seinen Kampf damit, dass er 200 der führenden Betriebe des Landes befragen ließ, um herauszubekommen, ob das »Volk« ihn unterstütze. Das »Volk« sprach sich fast einmütig gegen das Alkoholverbot aus, fand es aber richtig, den Wodkaverbrauch einzuschränken. Allerdings hat sich Gorbatschow nicht nach der Volksumfrage gerichtet. Und wie immer in der Sowjetunion wurde gleich alles übertrieben. Man kennt ja den Spruch: »Wir wollen das Beste, aber es endet wie immer.« Der Generalsekretär veranlasste einfach die Liquidierung der Alkoholbetriebe und die Schließung der Geschäfte, in denen Alkohol verkauft wurde. Er dachte sich spezielle Wodka-Talons für Hochzeiten und Beerdigungen aus, verbot, auf Empfängen in sowjetischen Botschaften im Ausland Wodka auszuschenken, und ließ kurzerhand die uralten Weinberge auf der Krim, in Georgien, Moldawien, im Kubangebiet und in Stawropol mit Bulldozern dem Erdboden gleichmachen. Wer weiß, wie viel Mühe solch ein Weinberg kostet und wie viel Jahre Arbeit darin stecken, der versteht, was für ein Verbrechen das war. Das russische Volk fluchte und heulte und machte seine Witze. Es nannte Gorbatschow mit dem ihm eigenen Sarkasmus nicht mehr Generalsekretär, sondern Mineralsekretär. Denn nach Gorbatschows Willen sollte von nun an nur noch Mineralwasser getrunken werden. Oder gesunder Saft. In den Getränkeläden standen ganze Pyramiden von Flaschen mit süßem Kindersekt herum, ohne Alkohol versteht sich. Da dieser Sekt auch noch teuer war, kaufte ihn natürlich keiner. Gorbatschow blieb auf seiner Neuheit, dem »teuersten Sekt der Welt«, sitzen.

In dieser Zeit entstand im Volk der trotzige Vierzeiler:

> Schlechte Zeiten sind gekommen,
> Sie haben uns den Schnaps genommen.
> Doch mag das Schiff auch sinken,
> Wir tranken und wir werden trinken.

Michail Gorbatschow allerdings versicherte mir, dass die Kampagne viel Gutes gebracht habe: »Die Ehefrauen haben endlich ihre Ehemänner wieder zu Gesicht bekommen! Die Geburtenrate stieg und die Menschen lebten länger.«

*Autofahrer! Denkt daran: Alkohol mindert die Wachsamkeit,
führt zu Unfällen und Menschenopfern!*

★ BORJA, KOLJA UND ICH ★
IMMER NOCH MONTAG, 7. JANUAR 2008

»Das ist wieder typisch für die Politiker«, warf Kolja ein,
der mir die ganze Zeit gebannt zugehört hatte. »Sie sehen
nur die Seite, auf der sie in einem günstigen Licht stehen!
Aber die Wahrheit sieht doch ganz anders aus! Weil sie
keinen Wodka bekamen, haben die Leute Fusel getrunken
und Gott weiß was noch alles! Sie haben Riesenmengen
an Zucker gekauft, so dass das weiße Gold Mangelware
wurde. In ihrer Verzweiflung haben sie sogar Bremsflüssigkeit getrunken! Ich kann euch sagen!«

»Wie recht du hast, Kolja!«, sagte ich. »Ich war in dieser Zeit mal in einem Dorfladen an der Wolga, der hatte
ein Schild an der Tür hängen, darauf stand: ›Verkauf von
Rasierwasser erst ab 14 Uhr.‹«

Borja konnte sich vor Lachen nicht halten. Als er sich

24

wieder beruhigt hatte, erzählte er seine Geschichte: »Erinnert ihr euch noch, was in den Moskauer Kaufhäusern los war, in den Abteilungen für Drogerieartikel? Die Verkäuferinnen hatten nie zuvor solche Warteschlangen gesehen. Sie sahen den Männern gleich an, was sie wollten, und stellten wortlos Rasierwasser und Eau de Cologne auf den Tisch. Solange sie noch welches hatten, denn die Fläschchen waren im Nu ausverkauft. Meistens wurden sie gleich an Ort und Stelle ausgetrunken.«

Vielleicht stellte das Alkoholverbot für Gorbatschow, der aus Stawropol kommt, einer Gegend, wo mehr Wein als Wodka getrunken wird, kein psychologisches Problem dar. Es war leichtfertig von ihm, dass er den Einfluss des Alkohols nicht hoch genug eingeschätzt hat. In einem Land, in dem der Wodka in den achtziger Jahren praktisch die zweite Währung war, in dem 70% aller Morde unter Einfluss von Hochprozentigem geschahen, erwies sich dieses Getränk stärker als die Machtstrukturen.

Als Gorbatschow die Statistik der Alkoholvergiftungen in die Hände bekam, gab er auf. Zu mir sagte er, als ich ihn aufsuchte: »Vielleicht wurden diese Perversitäten absichtlich inszeniert, um meine Macht zu untergraben.« Dabei machte er ein beleidigtes Gesicht, und seine Augen sagten: »Ich hätte Zar in Russland werden können, aber Sie sehen ja, was sie mit mir gemacht haben!«

Kolja kam mit einem seiner Witze aus der Zeit des Alkoholverbots:

Vor einem Laden steht eine lange Schlange nach Wodka an. Ein Mann hält es nicht mehr aus und schreit: ›Ich geh in den Kreml und bring Gorbatschow um!‹ Nach einer Stunde kommt er wieder. Die Schlange steht immer noch da, und die Leute fragen ihn: ›Und? Hast du ihn umgebracht?‹ – ›Von wegen! Die Schlange dort ist noch länger!‹

Ich erinnere mich an eine Geschichte, die mir mein Freund Manfred erzählte. Er wiederum hat sie von einer sehr guten Freundin, die genau während der Zeit des Alkoholverbots mit ihren beiden Kindern für drei Jahre aus Berlin zum Arbeiten nach Moskau kam. Sie hatte fürsorglich drei Kisten gepackt, in denen sie alle wichtigen Dinge verstaut hatte: Wintermützen, Wintermäntel, dicke Zudecken, Handschuhe, Stiefel, kurz, alles, was man für den langen russischen Winter braucht. Im August wurden die Kisten von Deutrans verschickt, einen Monat später wollte Manfreds Freundin sie vom Zoll auf dem Leningrader Bahnhof in Moskau abholen. Aber wie groß war ihr Schreck, als sie die Kisten öffnete: Statt ihres Bettzeugs fand sie, sorgfältig und bruchsicher verpackt, die gesamte Schnapskollektion der Berliner Wodkafirma VEB Schilkin vor. Wie sich herausstellte, waren die Kisten aus Versehen von Deutrans vertauscht worden. Die Alkoholsendung von Schilkin landete im trockengelegten Moskau, und die Wäsche von Manfreds armer Freundin in Frankfurt am Main auf der Genussmittelmesse! Wie müssen sich beide Seiten die Haare gerauft haben! Manfreds Freundin bekam irgendwann, als der dickste Winter allerdings schon vorbei war, ihre warmen Sachen wieder, und Schilkin ging ganz leer aus. Als seine Kisten endlich aus Moskau zurückkamen, war die Frankfurter Messe längst zu Ende und das Geschäft verdorben.

Als ich diese Geschichte hörte, habe ich mir meinerseits die Haare gerauft. Warum hat die dumme Frau die Kisten bloß wieder zurückgeschickt? In dieser Zeit hätte sie mit drei Kisten Schilkin-Wodka ein Vermögen machen und sich die schönsten Nerzmäntel besorgen können! Sie hätte mit der Schilkin-Hilfssendung so manchem Russen das Herz erwärmt.

Vor einem Jahr hatte ich die Gelegenheit, mir die Firma Schilkin in Berlin-Kaulsdorf anzusehen, und den betriebseigenen Brunnen mit gutem Wasser. Ich ging nicht dorthin, weil mich die Wodkaherstellung in Deutschland so interessiert, vielmehr wollte ich mich bei Herrn Schilkin persönlich bedanken, dass sein Unternehmen während des Alkoholverbots eine Million Flaschen Wodka nach Russland geliefert hat, als Zeichen der »brüderlichen Hilfe« sozusagen. Leider ist Herr Schilkin, ein alter Petersburger, der 1921 Russland verließ, kürzlich gestorben.

»Was sind eine Million Flaschen in Russland! Das versickert ja sofort!«, meinte Schilkins Nachfolger Peter Mier. »Und außerdem mussten wir auf die Flaschen Steuermarken kleben lassen. Das brachte uns große finanzielle Verluste. Blechbüchsen allerdings durften steuerfrei importiert werden. Diese große Rarität – Schilkin-Wodka in Blechbüchsen, bestimmt für das dürstende Russland – steht in unserem Museum.«

Wenn du am Morgen trinkst, bist du den ganzen Tag frei.

Peter Mier sprach mir aus dem Herzen, als er sagte: »Wodka soll man genießen, nicht trinken.« Zu diesem Zweck hat die Firma den »Zarenwodka« kreiert, der zu den teuersten Spirituosen der Welt gehört. Er wird sogar nach Amerika geliefert.

★ SAMOGON ★

Hier ist der richtige Ort, um das Rätsel zu lüften, wie Samogon, Selbstgebrannter, hergestellt wird. Die Rezepte hat mir mein Freund Kolja verraten, der sie wiederum von seinem Großvater hat. Und der wiederum von seinem und so weiter und so fort …

Wie der beste Wodka gebrannt wird, davon wird später die Rede sein. Allerdings sei vorab gesagt, dass sich die Technologie gleicht, nur die Menge ist natürlich beim Samogon viel geringer.

Es heißt, der beste Samogon wird aus Roggen gemacht – der beste Wodka übrigens auch, aber davon später. Die jahrhundertealte Praxis zeigt jedoch, dass man statt Roggen auch Weizen, Kartoffeln oder Rüben nehmen kann. Sogar einige Beerenarten eignen sich, wenn man Buchweizen, Hafer oder Gerste hinzufügt. Und wer alles richtig macht, erhält einen qualitativ hochwertigen Samogon. Wer auch mit weniger Qualität vorlieb nimmt, kann fast alles verwenden, was gärt, meinetwegen Maisblätter oder andere, oft unaussprechliche Dinge. Dennoch unterscheidet sich der Samogon, der aus Roggenkörnern gebrannt wird, im Geschmack wesentlich von allen Sorten, weil er viel weniger ätherische Öle hat. Und falls man ein bisschen zu viel davon trinkt, aus Versehen nur, ist der Katzenjammer am anderen Tag nicht ganz so schrecklich wie bei anderen Sorten.

Will man *weichen* Samogon brennen – das ist der am besten verträgliche –, muss man für die Maische als Erstes weiches Wasser nehmen. Jeder erfahrene Samogon-Brenner achtet zuallererst auf die Qualität des Wassers und schöpft es an ganz bestimmten Orten – an Oberläufen von Flüssen oder an besonderen Quellen. Eine weitere wichtige Komponente zur Herstellung von hochwertigem Alkohol ist Malz. Im Mittelalter nahm man dafür Gärstoff aus Roggenkörnern, später Biermalz. Heute verwendet man spezielle, auf natürliche Weise gezüchtete reine Hefekulturen.

Der Prozess beginnt mit der Bereitung der Maische, die aus der Mischung der aufgezählten Komponenten in einem bestimmten Verhältnis entsteht. Die fertige Maische wird mit Hilfe spezieller Apparate destilliert. Hochwertiger Alkohol entsteht erst, wenn man die Rohflüssigkeit dreimal destilliert.

Samogon aus Körnern

In ein großes Gefäß gießt man 20 Liter heißes, weiches Wasser und fügt 8 Kilo zu Schrot gemahlenes Korn hinzu, am besten Roggen. Also alle festen Zutaten vorher mahlen. Dann alles gut mischen und weitere 20 Liter heißes Wasser hinzufügen, eine Weile später dieselbe Menge kaltes Wasser. In die entstandene Mischung gibt man 100 Gramm Hefe und verschließt das Gefäß. Der Gärprozess dauert 3 bis 4 Tage. Danach wird die Maische destilliert.

Samogon aus Kartoffeln

1 Kilo neue, geschälte Kartoffeln werden zuerst zerkleinert, dann mit einer Walze zerquetscht, in ein Gefäß gegeben und mit kochendem Wasser begossen, so dass 20 Liter entstehen. 1 Kilo Roggenmehl und 50 Gramm Roggenhalme hinzufügen. Nach zwei Stunden bildet sich im Gefäß ein trüber Bodensatz. Die Flüssigkeit wird vorsichtig abgegossen, und der Bodensatz wird erneut mit warmem Wasser (50 Grad) begossen. Die Mischung wird sorgfältig umgerührt. Dann wird die Flüssigkeit wieder abgegossen, mit der ersten Flüssigkeit vermischt und zum Gären weggestellt. Die Stärke des Alkohols nach der Destillierung der Kartoffelmaische ist nicht höher als 20%.

Samogon aus Zuckerrüben

Ein Zehnlitergefäß bis zum Rand mit zerkleinerten Rüben füllen, Wasser daraufgießen und mit einem Deckel verschließen. Aufs Feuer stellen und 1,5 bis 2 Stunden kochen. Dann die Flüssigkeit, Rübenwasser genannt, abgießen und die im Gefäß verbliebenen Rüben noch zweimal mit Wasser auffüllen und durchkochen. Dann schüttet man 5 Liter Rübenwasser auf 2 Kilo zu Schrot gemahlene Getreidekörner und stellt das Ganze an einen warmen Ort. Nach 5 Tagen gibt man der Mischung noch weitere 15 Liter Rübenwasser bei. Zwei Wochen später kann man mit der Destillation beginnen.

Samogon aus Ebereschenbeeren

1 Kilo reife Beeren zerstampfen und in ein Glasgefäß geben. Mit 10 Liter frischem Brotkwass aufgießen und 50 Gramm Hefe hinzufügen. Statt Kwass kann man

natürlich auch weiches Wasser nehmen. Die Mischung an einen warmen Platz (nicht unter 17 Grad) stellen. Wenn der Gärprozess beendet ist, kann man die Flüssigkeit destillieren, am besten drei- bis viermal hintereinander.

DIE REINIGUNG DES SAMOGON

Von Koljas Großvater ist auch das Rezept zur Reinigung des destillierten Samogon überliefert. Die einfachste Form ist das Filtern. Das heißt, das Seihen durch verschiedene Arten von Absorptionsmittel. Am häufigsten wird Aktivkohle verwendet. Am besten lässt sich der Alkohol reinigen, wenn man ihn mit Wasser verdünnt. Schon der weltberühmte Chemiker Dmitri Mendelejew, der das Periodensystem der Elemente entwickelte, bewies: Wenn man den Alkohol mit Wasser bis zu 40% verdünnt und ihn dreimal reinigt, kann man hundertprozentigen reinen Alkohol gewinnen.

Es gibt noch eine andere, ungewöhnlich erscheinende Art, den Samogon zu reinigen. In Russland aber hat sie eine lange Tradition. Man schüttet in die Flüssigkeit eine kleine Menge Milch und Eiweiß. Beide Stoffe reagieren mit dem Fuselöl, gerinnen und sinken mit den Ölen zum Grund. Der auf diese Weise gereinigte Samogon wird noch einmal destilliert. Zum Abschluss legt man noch ein frisch gebackenes Roggenbrot in die Flüssigkeit. Auf diese Weise erhält man praktisch hundertprozentigen reinen Alkohol ohne unliebsame Beimischungen.

Wenn man eine Flasche mit Samogon in das Gefrierfach legt, sie dann wieder auftaut und trinkt, merkt man, dass der Geschmack des Getränks sich wesentlich verbessert hat. Das gilt übrigens auch für Wodka. Auf dieser Erfahrung beruht die letzte Art der Reinigung – das Gefrieren. Das Wasser im Samogon verwandelt sich dabei in Eis, wobei es den Fusel und andere schädliche Stoffe in sich aufnimmt. Den auf diese Weise gereinigten Alkohol, der ja nicht gefriert, muss man vorsichtig aus dem Gefäß gießen und darauf achten, dass das gefrorene Wasser mit den Schadstoffen nicht auftaut.

Den gereinigten Samogon kann man nach Belieben aromatisieren. Die Russen mögen das, weil das Wässerchen ihnen dann besser schmeckt und sie sich alles Mögliche beim Trinken vorstellen können. Zum Beispiel, dass sie in einem Wald sitzen und trinken, wenn man Waldbeeren als Geschmacksverbesserer hinzugegeben hat.

Ganz früher fügte man dem reinen Samogon noch Hopfen bei. Selbst eine kleine Menge verdrängte den unangenehmen Beigeschmack des Fusels. Bald merkte man, dass Honig dieselbe Wirkung hatte. In der heutigen Zeit werden alle möglichen Kräuter, Beeren, Früchte und natürlich Gewürze verwendet.

Gladyschew holte zwei Gabeln aus der Tischschublade, wischte sie an seinem Unterhemd ab und legte die eine neben Tschonkin auf den Tisch, die andere, deren eine Zinke abgebrochen war, neben sich. Tschonkin wollte seine Gabel unverzüglich in die Rühreier hineinstecken, aber der Hausherr fiel ihm in den Arm: »Warte.«

Er nahm zwei verstaubte Gläser vom Gestell, hielt sie gegen das Licht, spuckte hinein, wischte die Gläser mit dem Unterhemd blank und stellte sie auf den Tisch. Dann lief er in die Diele und brachte von dort eine nicht mehr ganz volle Flasche, in deren Hals eine zum Korken gedrehte Zeitung steckte. Aus dieser Flasche schenkte er dem Gast und sich jeweils ein halbes Glas voll ein. »Siehst du, Iwan«, sagte er, einen Schemel zu sich herüberziehend, in Fortsetzung des vorhin begonnenen Gesprächs, »wir haben es uns angewöhnt, die Scheiße von oben herab zu behandeln, als wäre sie etwas Schlechtes. Aber wenn man genauer hinschaut, ist sie vielleicht die allerwertvollste Substanz auf der Erde, denn unser ganzes Leben entsteht aus Scheiße und wird am Schluß wieder zu Scheiße.«

»In welchem Sinne meinst du das?« fragte Tschonkin höflich, mit hungrigen Augen die bereits erkaltenden Rühreier verschlingend, ohne es zu wagen, vor dem Hausherrn über das Essen herzufallen. »In jedem nur erdenklichen Sinne«, führte Gladyschew seinen Gedanken aus, der Ungeduld seines Gastes nicht achtend. »Urteile selber. Zur Erzielung einer guten Ernte muß der Boden mit Scheiße gedüngt werden. Aus Scheiße erwachsen die Gräser, das Getreide und Gemüse, von dem wir und die Tiere uns nähren. Die Tiere geben uns die Milch, das Fleisch, die Wolle und alles andere. Wir verbrauchen dies alles und setzen es wieder in Scheiße um. Daraus ergibt sich ein, wenn man so sagen darf, Kreislauf der Scheiße in der Natur. Und es erhebt sich die Frage, ob es ratsam ist, diese Scheiße in Gestalt von Fleisch, Milch oder sei es auch nur von Brot zu konsumieren, das heißt, in verarbeiteter Form. Wir dürfen und müssen fragen: Wäre es nicht besser, unsere Vorurteile und das unangebrachte Ekelgefühl zu überwinden und die Scheiße in ihrer Urgestalt als ein Wunder wirkendes Vitamin zu uns zu nehmen? Für den Anfang könnte man natürlich«, korrigierte sich Gladyschew, als er merkte, daß Tschonkin zusammenzuckte, »den natürlichen Geruch entfernen, später, wenn sich der Mensch daran gewöhnt hat, würde man alles so lassen, wie es ist. Aber das, Iwan, ist Sache einer fernen Zukunft und hängt davon ab, ob das Wagnis der Wissenschaft von Erfolg gekrönt sein wird. Ich schlage deshalb vor, auf die Erfolge unserer Wissenschaft, auf unsere Sowjetmacht und den im Weltmaßstab genialen Genossen Stalin persönlich anzustoßen.«

»Auf unsere Bekanntschaft«, hielt Tschonkin mit.

Sie stießen mit den Gläsern an. Tschonkin kippte den Inhalt seines Glases hinunter und wäre fast vom Stuhl gefallen. Sein Atem war wie abgeschnürt, als hätte ihm jemand die Faust in die Magengrube gestoßen. Da ihm gleichzeitig auch das Hören und Sehen verging, stieß er blindlings die Gabel in die Pfanne, riß ein Stück von der Eierspeise heraus, stopfte es sich in den Mund, half mit der anderen Hand nach, schluckte, verbrannte sich den Rachen und stieß erst dann die seine Lunge zum Bersten anspannende Luft aus.

Gladyschew hatte sein Glas ohne jede Anstrengung geleert und blickte seinen Gast jetzt spöttisch an.

»Na, Iwan, wie ist der Tropfen?«

»Der hat es in sich«, lobte Tschonkin und wischte sich die tränenden Augen. »Da bleibt einem die Puste weg.«

Fortwährend lächelnd zog Gladyschew eine flache Konservenbüchse zu sich heran, die in seinem Haus den Dienst eines Aschenbechers versah, goß ein wenig Schnaps hinein und entzündete ihn mit einem Streichholz. Die Flüssigkeit flammte bläßlich blau auf.

»Hast du das gesehen?«

»Ist es Kornschnaps oder Rübenschnaps?« erkundigte sich Tschonkin.

»Nein, Iwan, es ist Scheißeschnaps«, sagte Gladyschew mit dezentem Stolz.

Tschonkin verschluckte sich.

»Wie meinst du das?« fragte er und rückte ein Stück vom Tisch weg.

»Sehr einfach«, erläuterte Gladyschew. »Du nimmst auf ein Pfund Scheiße ein Pfund Zucker …«

Tschonkin sprang auf, warf den Schemel um und rannte auf den Ausgang zu. Auf der Außentreppe hätte er fast Aphrodite mit Kind umgerannt. Zwei Schritte weiter preßte er die Stirn gegen die Bohlenwand des Hauses. Er wurde von einem furchtbaren Brechreiz geschüttelt.

Hinter ihm her lief der Hausherr verwirrt aus dem Haus. Laut polternd sprang er die Außentreppe hinunter.

»Tschonkin, was ist mit dir?« fragte er besorgt und berührte seinen Gast an der Schulter. »Das ist reinster selbstgebrannter Schnaps. Du hast doch selbst gesehen, wie er brennt.«

Tschonkin wollte etwas erwidern, aber bei der Erwähnung des Schnapses wurde sein Magen von neuen Krämpfen ergriffen. Er bemühte sich, die Beine noch weiter zu spreizen, um seine Stiefel nicht zu beschmutzen.

»O Herr im Himmel!« sagte plötzlich Aphrodite mit trostloser Traurigkeit. »Schon wieder hat er wem Scheiße zu trinken gegeben, der verfluchte Bösewicht. Wenn du doch bloß verrecken würdest!« Sie spuckte kräftig in Richtung ihres Ehemanns aus.

Wir saßen in einem etwas vornehmeren Kellerrestaurant in der Altstadt, auf dem Arbat, das Essen war georgisch, der Wodka russisch. Wenn Koljas Mund mal stillsteht, ist das ein Wunder. Er kam direkt vom Filmfestival in Rotterdam und hatte viel zu erzählen.

Es muss gesagt werden, dass wir drei nicht Physiker geblieben sind. Wir haben jeder einen anderen Beruf ergriffen. Kolja ist Filmwissenschaftler geworden, Borja leitet eine Galerie und ich bin Historiker – in Russland ist alles möglich.

Kolja erzählte uns von einem uralten Stummfilm aus der Zarenzeit, der eigentlich schon vergammelt war. Kolja hat ihn mit irgendwelchen Wundermitteln am Computer restauriert und zum Filmfestival nach Holland mitgenommen. Der Film hat einen Titel, der genau zu Kolja passt: »Das Trinken und seine Folgen«. Er sollte in der Zarenzeit die Leute mit schrecklichen Bildern vom Alkoholgenuss abhalten. Kurz nach der russischen Revolution war er sehr populär und wurde den Soldaten jeden Tag gezeigt, zum Beispiel in der Division des legendären Tschapajew. Als Vorsorgemaßnahme. Der Effekt soll sehr groß gewesen sein.

»Aber in Holland«, kicherte Kolja, »hat meine Vorführung genau das Gegenteil erreicht. Der Film war ein außerordentlicher Lacherfolg. Es ist als sicher anzusehen, dass im Saal nur Trinker saßen, denen die große Leber eines Alkoholikers, die im Film von allen Seiten gezeigt wird, sehr gefiel. Ich hab gewusst, dass es kein Filmfestival auf der Welt gibt, auf dem die Teilnehmer nüchtern sind! Aber was sich in Rotterdam abspielte, Brüder! Sie haben mich auf Händen getragen und auf mein Wohl getrunken. Die Leute saßen ja schon sieben Tage zusammen und waren warm geworden von den vielen Gesprächen und vom Trinken. Jedenfalls wurde der Film enthusiastisch aufgenommen. Ich dachte immer, der Film sei typisch russisch. Aber er ist für die ganze Welt von Bedeutung! Er endet mit den Worten: ›Die Regierung muss diesen Film kaufen und ihn überall zeigen.‹ Dieser Satz aus dem Jahr 1913 hat bis heute nicht an Aktualität verloren. Manche fragen mich: Bist du nun ein Befürworter des Alkohols oder ein Gegner?« Bei diesen Worten lachte Kolja schallend.

★ ÜBER DIE WIRKUNG VON ALKOHOL ★
AUF DEN MENSCHLICHEN ORGANISMUS

Fast die gesamte medizinische Literatur über den schädlichen Einfluss von Alkohol auf den Menschen ist ergebnislos geblieben, weil sie wenig konkrete Informationen über die Wirkung von verschieden großen Mengen Schnaps auf die einzelnen Organe eines gesunden Menschen vermittelt. Unter den Medizinern selbst gibt es sehr viele Säufer.

1903 allerdings hat der russische Physiologe Nikolai Wolowitsch in einer Untersuchung an einem gesunden

Ein Trinker kam zum Arzt, der ihn vom Alkoholismus heilen sollte. Auf die Frage, wie viel er denn am Tag trinke, sagte der Kranke: »Jeden Tag eine Literflasche.« Da einigten sich beide, die Dosis auf zwei bis drei Gläschen am Tag zu beschränken. Zwei Wochen später sollte der Patient wiederkommen. Genau zur festgesetzten Stunde erschien er beim Arzt, der sofort merkte, dass der Mann stark angetrunken war. »Wir hatten doch vereinbart, dass Sie nur zwei bis drei Gläschen am Tag trinken!« Der Mann antwortete: »Sie sind aber nicht der einzige Arzt, der mir das verschrieben hat.«

männlichen Körper einen objektiven Index für die Messung von Alkohol gefunden. Er stützte sich nicht auf die üblichen Bestimmungen des Maßes der Betrunkenheit wie Erregtheit, Fröhlichkeit, Kussbereitschaft, schwankender Gang, Festhalten an der Wand, Liegen unterm Tisch oder auf dem Bürgersteig. Er zählte den Pulsschlag eines gesunden Mannes im Verlauf von 24 Stunden, in denen die Testperson nichts essen durfte. Bei 20 Gramm Alkohol (Spiritus) änderte sich der Pulsschlag fast gar nicht, lediglich um 10 bis 15 Schläge in 24 Stunden. Bei 30 Gramm Alkohol sah es schon anders aus: Der Puls erhöhte sich um 430 Schläge, bei 60 Gramm Alkohol um 1872 Schläge und bei 120 Gramm um 12 980 Schläge. Bei 240 Gramm Alkohol schlug der Puls noch am nächsten Tag 25 488 Mal häufiger als gewöhnlich, woran man die Langzeitwirkung von Alkohol erkennen kann. Wolowitsch zog daraus den Schluss, dass bei der Aufnahme von 20 Gramm Alkohol im menschlichen Organismus keine negativen Veränderungen vor sich gehen. Im Gegenteil, es läuft ein stimulierender und reinigender Prozess ab. Diese Dosis von 20 Gramm ist also zu empfehlen. Sie gilt als Prophylaxemaßnahme – im Herbst, im Winter, bei feuchtem Wetter, bei Hitze, kurz das ganze Jahr hindurch. 20 Gramm Alkohol bedeuten 50 Gramm Wodka. Ein Gläschen täglich kann man sich also ruhig gönnen. Sa sdorowje!

Borja, Kolja und ich saßen trübselig zusammen. Es regnete schon den dritten Tag. Um die beiden aufzuheitern,
erzählte ich ihnen von meinem »mondsüchtigen« deutschen Freund. Manfred, ich erwähnte ihn bereits, hatte
ich bei einem Kulturaustausch kennengelernt, als die
DDR und die Sowjetunion noch existierten. Warum er
mondsüchtig war, konnten Kolja und Borja nicht gleich
verstehen. Ich erklärte es ihnen: »Bevor Manfred auf
›Goldi‹ umstieg – das ist ›Goldbrand‹, was der beliebteste
Weinbrand in der DDR war –, also bevor er auf ›Goldi‹
umstieg, war er ein Liebhaber des Wodkas, des russischen
natürlich. Wenn er zum Kulturaustausch nach Moskau
kam, haben wir jedes Mal lange zusammengesessen, über
Literatur und Politik geredet und natürlich getrunken –
meist ›Stolitschnaja‹. Das Essen war dabei nicht so wichtig, denn Manfred war ein Geistesmensch. Wenn ich nach
Berlin kam, brachte ich natürlich immer eine Flasche mit.
Da mein Mitbringsel aber schnell ausgetrunken war, mussten wir auf DDR-Wodka
umsteigen. Und Manfreds Lieblingsmarke
war ›Lunikoff‹. Als wir das erste Mal eine
Flasche davon öffneten, sagte er zu mir:

Ein Bauer fragt einen Popen:
»Was wollen Sie trinken,
Väterchen, Bier oder Wein?«
Der Pope: »Und Wodka!«

›Ich bin ein Mondsüchtiger.‹ Er als Philologe meinte,
der Name ›Lunikoff‹ hänge mit dem russischen Wort
für ›Mondsüchtiger‹ zusammen – ›lunatik‹. Wir gingen
immer in dieselbe Kneipe, Nicky-Klause hieß sie. Er
stellte mich seinen Saufkumpanen vor, allesamt Schriftsteller!

So traurig es ist, von allen, mit denen ich damals am
Stammtisch saß, lebt keiner mehr, einschließlich Man-

fred. Manfreds Freunde saßen von morgens bis abends in der Nicky-Klause und behaupteten, das sei ihre produktivste Zeit. Hier küsse sie die Muse, hieß es immer. Am Schreibtisch fiele ihnen nichts ein, am allerwenigsten humorvolle Geschichten. Der Schreibtisch sei etwas für ›Sesselfurzer‹.«

Bei der Erwähnung des frühen Todes unserer deutschen Schriftstellerbrüder wurden meine beiden Freunde noch trauriger. Ich glaube, sie hatten sogar Tränen in den Augen. Ich wollte sie trösten, und da erinnerte ich mich an einen hoffnungsvolleren Fall, an einen Schriftsteller, den ich unendlich verehre. Wie gern hätte ich mal mit Thomas Mann Wodka getrunken oder noch besser, edlen Samogon. Aber vielleicht mochte er Wodka gar nicht, trank lieber Cognac und Champagner? Er war nie bei uns in Russland, obwohl er sich immer nach uns gesehnt hat. Offenbar hat er auch die russischen Frauen geliebt, so wie Clawdia Chauchat aus dem »Zauberberg«. Thomas Mann stellte sich oft vor, wie es wäre, wenn er nach Russland käme. Man hätte sich vertrauensvoll mit ihm unterhalten: »Was sagen Sie denn dazu, Foma Genrichowitsch, Väterchen?« Thomas ist in Russisch nämlich Foma, das wusste der kluge Schriftsteller, und sein Vater hieß Heinrich, in Russisch Genrich. Und da man einen Menschen bei uns höflich mit Vor- und Vatersnamen anredet, heißt er bei uns Foma Genrichowitsch.

Bei Fomka Mann habe ich einmal etwas über Alkohol und Inspiration gelesen.

Ein Gläschen jeden Tag
Macht dich fit und stark.

☆ THOMAS MANN ☆
»ÜBER DEN ALKOHOL«

Es ist ganz gegen meine Gewohnheit, vor der Arbeit oder während der Arbeit Alkohol zu mir zu nehmen. Dennoch ist das ein paarmal vorgekommen. Während ich seit langem nur noch vormittags arbeite, habe ich vor Jahren einmal eine Novelle zur Abendzeit geschrieben, und zwar unter Mithilfe von Cognac-Grog … Aber es handelte sich dabei weniger um Stimulation als um Beruhigung. Der Alkohol lähmte mir Ungeduld und Überdruß, machte mich still und verhinderte, dass ich davonlief. Das ist alles. Im allgemeinen halte ich nicht das geringste von der »Inspiration« durch Alkohol … Ich glaube nicht, dass der Alkohol Stimmung macht, ich glaube nicht an die Stimmung, die er macht, ich glaube überhaupt nicht sehr an Stimmung. Was man so nennt, scheint mir etwas ziemlich Dilettantisches zu sein, was mit wirklichem Schöpfertum wenig zu tun hat. Ein Zustand, in dem die Hemmungen ausgeschaltet, die Selbstkritik betäubt, die gute künstlerische Haltung in Frage gestellt wäre, ein unbesonnener und hektischer Zustand scheinbaren Allvermögens und trügerischer Leichtigkeit wäre mir höchst verdächtig … Stimmung ist nicht Betrunkenheit. Stimmung ist Ausgeschlafenheit, Frische, tägliche Arbeit, Spazierengehen, reine Luft, wenig Menschen, gute Bücher, Friede, Friede …

Bei der Geschichte, die Thomas Mann »unter Mithilfe von Cognac-Grog« schrieb, handelt es sich um die Erzählung »Der Kleiderschrank« aus dem Jahre 1898. Das habe ich herausgefunden.

Ein paar Jahre später urteilte Thomas Mann allerdings schon ein bisschen wohlwollender über den Wodka und die Inspiration:

Ich sah auf dem Lande einen Herrn aus Petersburg bei mir, einen Deutschrussen, der eine russische Vortragsreise mit mir verabredete. Ich sollte in Moskau, Petersburg, Riga und Helsingfors lesen, das Nähere blieb zu vereinbaren. Das war fabelhaft. Ich würde die Nachfahren Gogols besuchen … Ich würde mit ihnen Piroggen essen und Tee trinken, wahrscheinlich auch eingemachte Pilze, Schnaps und Zigaretten würde es geben, und vielleicht würden sie mündlich zu mir sagen: »Erbarmen Sie sich, Väterchen!« oder: »Urteilen Sie doch selbst, Foma Genrichowitsch!«

Leider ist es zu dieser Reise nie gekommen, denn der Erste Weltkrieg brach aus.

Bei meinen Freunden aus der Nicky-Klause schien das mit der Inspiration allerdings zu stimmen, denn jedesmal, wenn ich nach Berlin kam, hatten sie wieder ein neues Buch veröffentlicht. In der Nicky-Klause tranken wir Wodka und Bier, eine Mischung, die für die Zementierung der deutsch-sowjetischen Freundschaft wunderbar geeignet war. Und heute für die Festigung der deutsch-russischen Freundschaft.

Auch meine Geschichte über Foma, Fomka, Fomitschka Mann konnte meine Freunde Borja und Kolja nicht

Ein Fluss beginnt mit dem Bach, die Sauferei mit einem Glas.

aufheitern. Erst als wir zu unserem Lieblingsthema, dem Saufen, kamen, konnte ich wieder ihre Lebensgeister wecken. Kolja begann Sprachforschung zu betreiben. Das macht er immer, wenn er einen im Tee hat: »In Russland gibt es eine Menge Wörter, die ausdrücken, dass man jetzt was trinken will: Поехали! Будем! Тронемся! Покатимся! Полетели! – Pojechali! Budem! Tronemsja! Pokatimsja! Poleteli!« Sie bedeuten alle: »Lasst uns trinken!«

Es ist so: Absolut jedes Verb der Bewegung bedeutet in einer eindeutigen Situation »saufen« und wird sofort positiv aufgenommen. Wahrscheinlich unterscheidet sich Russland darin von anderen Ländern.

Nach dem nächsten Glas ging es uns merklich besser. Die Welt sah nicht mehr so düster aus.

Vom Prosten kamen wir auf direktem Weg zum Samogon und zu Wodka-Mixgetränken.

Kolja: »Es gibt eine Enzyklopädie aller selbstgebrauten Wodkagetränke. Das ist das Buch »Moskau – Petuschki« von Wenedikt Jerofejew.

Hast du zweihundert Gramm geleert, Wirst du für dreihundert noch mehr geehrt.

Borja und ich fielen gleich ein: »Die Tränen der Komsomolzin!« und »Balsam von Kanaan!«

Wenitschka, wie die Russen Wenedikt Jerofejew nennen, schreibt in seinem kleinen Werk, wie viel und was man trinken muss, um ein bestimmtes Resultat zu erhalten. Wunderbare Rezepturen! Haben wir damals alle ausprobiert. Aber heute braucht diese Rezepte keiner mehr. Zu Wenitschkas Zeiten waren alkoholische Mixgetränke Mangelware, und man musste sich zu helfen wissen. Es gab nur Portwein, Wodka, trockene Weine, Sekt und Sprit. Und aus diesen Bestandteilen wurden verschiedene Cocktails gebraut.

Borja erinnerte sich an weitere Wodka-Cocktails: »»Polarlicht‹! Kennt ihr noch ›Polarlicht‹, Brüder?«

Kolja antwortete wie aus der Pistole geschossen: »Champagner und Wodka! Und wenn man genug davon trinkt, sieht man das Polarlicht in allen Farben leuchten.«

Und dann folgte auch gleich einer seiner Witze.

Ein Junge lädt ein Mädchen zu sich nach Hause ein. Das Mädchen ist verlegen. Er fragt: »Was wollen wir trinken? Ich habe Sprit, Wodka und Samogon.« Darauf das Mädchen: »Ich kann mich nicht entscheiden. Schmeckt alles gut!«

Schade, dass man Borjas Lachen nicht wiedergeben kann. Er kann dann nicht mehr aufhören und seine Augen werden zu kleinen Schlitzen, aus denen Tränen kullern.

Aber jetzt soll endlich von Wenitschkas »Moskau – Petuschki« die Rede sein. Wo wird die Seele eines armen Trinkers besser als dort erfasst? Sein Held sitzt im Regionalzug von Moskau nach Petuschki, in der berühmten »Elektritschka«, in der alle tranken, noch bevor der Zug losfuhr. So ist es übrigens auch heute noch. Viel ist passiert in unserem Land in den letzten zwanzig Jahren, vieles ist modernisiert und verschönert worden, manches ist schlechter geworden, aber die Elektritschka ist die alte geblieben. Jedenfalls auf einigen Strecken. Auf der Fahrt in der Elektritschka also gehen dem Helden allerlei kluge Gedanken durch den Kopf, die er dem Leser freigebig mitteilt. Vor allem weiht er ihn in sein Wissen um die Herstellung göttlicher Getränke ein.

Wenitschka beschreibt alle Stadien des Saufens. Vor allem auch, wie das einfache Volk – und dazu gehören auch die armen Intellektuellen – Wodka brannte. Das Rezept von Koljas Großvater ist doch relativ vornehm und sehr, sehr aufwendig. Woher nimmt ein Russe, wenn er in Not ist, all die Zutaten, und hat die Zeit, das Ganze auch noch mehrere Wochen gären zu lassen? So was gelingt nur in einem sehr ordentlichen Haushalt, in dem alles geplant und bedacht ist.

Wenitschkas Bücher durften natürlich in der Sowjetunion nicht erscheinen. Aber dafür gab es den Samisdat, den Selbstverlag. Das war so etwas Ähnliches wie Samogon, Selbstgebrannter. Über Nacht bekam man das Manuskript, das einem der Nächste am Morgen schon wieder aus den Händen riss. Auf diese Weise haben wir alle »Moskau – Petuschki« gelesen und unter anderem von einem Spezi erfahren, welche Rezepte es zum Selbstbrennen gibt.

Aber Wenedikt Jerofejew hat natürlich aus dem Volks-
wissen geschöpft. Nicht jeder besitzt, wie gesagt, die
Geduld, die Geräte und die Zeit, um auf die »vornehme«
großväterliche Weise Samogon zu brennen.

Der ausgewählte Auszug ist einer der harmloseren.
Allein Hartgesottene verkraften das gesamte Buch. Es ist
nur 150 Seiten lang, wiegt aber schwer.

Was könnte ich noch trinken, um auch diesmal in Stimmung
zu bleiben? Was könnte ich in Deinem Namen noch trinken?

So ein Malheur! Ich habe nichts, was Deiner würdig wäre.
Kubanskaja? Das ist der reinste Scheißdreck! Rossijskaja? Es
ist lächerlich, in Deiner Anwesenheit davon zu reden. Und der
hochkarätige Rosé für einen Rubel siebenunddreißig?

O Gott! Nein, wenn ich heute heil nach Petuschki komme, werde ich einen Cocktail kreieren, den man ungeniert in Anwesenheit des Herrn und der Menschen trinken kann, in Anwesenheit der Menschen und im Namen des Herrn. Ich werde ihn »Jordanwellen« oder »Stern von Bethlehem« nennen. Wenn ich das in Petuschki vergessen sollte, erinnert mich bitte.

Lacht nicht. Ich habe reiche Erfahrung im Kreieren von Cocktails. Zwischen Moskau und Petuschki trinken sie diese Cocktails bis heute, ohne den Namen des Autors zu kennen. Sie trinken »Kanaanbalsam«, »Komsomolzenträne«, und recht haben sie, daß sie trinken. Wir können von der Natur keine milden Gaben erwarten. Wir müssen uns selbst nehmen, was wir brauchen, aber das setzt voraus, daß wir die genauen Rezepte kennen. Wenn ihr wollt, kann ich euch die Rezepte verraten. Hört zu! Einfach nur Wodka, auch dann, wenn man ihn aus der Flasche trinkt, ist eine Qual für Körper und Seele. Wodka mit Eau de Cologne vermischt – das hat eine gewisse Raffinesse, aber es fehlt jegliches Pathos. Doch ein Glas »Kanaanbalsam« – das hat Raffinesse und Phantasie und Pathos und darüber hinaus einen metaphysischen Bezug.

Welche Komponente des »Kanaanbalsams« schätzen wir vor allen anderen? Natürlich den Spiritus. Aber der Spiritus, der nur als Objekt für die Inspiration dient, besitzt keinerlei eigene Inspiration. Was also schätzen wir in diesem Fall am Spiritus vor allem anderen? Nun, natürlich das nackte geschmackliche Erlebnis. Und noch höher schätzen wir das Miasma, das er ausdünstet. Um dieses Miasma abzutönen, braucht man eine Spur von Aroma. Deshalb vermischt man den Spiritus im Verhältnis 1:2:1 mit dunklem Bier, am besten der Marke »Ostankinskoje« oder »Senator«, und mit gereinigter Politur. Ich brauche euch ja nicht zu erklären, wie Politur gereinigt wird, das weiß jedes Kind. Komischerweise weiß in Rußland niemand, wie sich Puschkin den Tod geholt hat, aber wie Politur gereinigt wird – das weiß jeder.

Kurz, schreibt euch das Rezept für den »Kanaanbalsam«
auf. Man lebt nur einmal, wie schon Nikolaj Ostrowskij sagte,
und deshalb kommt es darauf an, daß man sich beim Zusam-
menstellen von Rezepten nicht irrt.

100 g Brennspiritus
200 g dunkles Bier
100 g gereinigte Politur

So, vor euch steht der »Kanaanbalsam«. In der Umgangs-
sprache nennt man ihn auch »Braunbär«, weil es eine Flüssigkeit von schwarzbrauner Farbe ist, von mäßiger Stärke
und beständigem Aroma. Das ist fast kein Aroma mehr, das
ist eine Hymne. Die Hymne der demokratischen Jugend! Und
zwar deshalb, weil man nach Genuß dieses Cocktails Vulgari-
tät und dunkle Kräfte entwickelt. Wie oft schon habe ich das
beobachtet …!

Um die Entwicklung dieser dunklen Kräfte irgendwie
zu verhindern, gibt es zwei Möglichkeiten. Erstens: keinen
»Kanaanbalsam« trinken; zweitens: an seiner Stelle den Cocktail »Geist von Genf« zu sich nehmen.

Er besitzt zwar keinen Tropfen Majestät, aber dafür Bukett.
Ihr werdet mich fragen: »Worin besteht denn das Rätsel seines Buketts?« Ich werde euch antworten: »Ich weiß nicht,
worin das Rätsel seines Buketts besteht«. Darauf werdet ihr
einen Augenblick nachdenken und fragen: »Und was ist des
Rätsels Lösung?« Des Rätsels Lösung ist die, daß man das
Parfüm »Weißer Flieder« als Bestandteil des »Geist von Genf«
auf keinen Fall durch was anderes ersetzen darf, weder durch
Jasmin noch durch Heckenrose, noch durch Maiglöckchen.
»In der Welt der Komponenten gibt es keine Äquivalente«,
wie die alten Alchimisten schon sagten, und die wußten
schließlich, was sie sagten. Das bedeutet, daß Maiglöckchenparfüm weiß Gott nicht dasselbe ist wie Fliederparfüm, sogar

vom moralischen Aspekt gesehen, ganz zu schweigen vom Bukett.

Maiglöckchenparfüm zum Beispiel wühlt den Verstand auf, beunruhigt das Gewissen, stärkt den Gerechtigkeitssinn. Fliederparfüm dagegen beruhigt das Gewissen und söhnt den Menschen mit den Krebsgeschwüren des Lebens aus …

Bei mir war das so: ich hatte ein ganzes Fläschchen »Silberne Maiglöckchen« ausgetrunken und begann zu weinen. Warum weinte ich? Weil mir meine Mutter eingefallen war und ich sie nicht mehr vergessen konnte. »Mama«, sage ich und weine. Und dann wieder »Mama« und weine wieder. Ein anderer, ein dümmerer, würde weiter so sitzen und weinen. Aber ich? Ich nahm ein Fläschchen »Weißen Flieder« und trank es aus. Und was glaubt ihr? Meine Tränen versiegten, ich brach in idiotisches Gelächter aus und vergaß darüber meine Mutter samt Namen und Vatersnamen. Darum finde ich es lächerlich, wenn einer bei der Zubereitung des »Geist von Genf« ins Antifußschweißpuder »Silberne Maiglöckchen« gießt.

Hier ist das genaue Rezept:

    50 g »Weißer Flieder«
    50 g Antifußschweißpuder
  200 g Shiguli-Bier
  150 g Spritlack

Doch wenn ihr die Schöpfung nicht mit Füßen treten wollt, dann schickt sowohl den »Kanaanbalsam« als auch den »Geist von Genf« zum Teufel. Setzt euch hin und mixt euch eine »Komsomolzenträne«. Das ist ein sonderbarer Cocktail mit intensivem Geruch. Warum er so intensiv riecht, erfahrt ihr später. Zuerst erkläre ich euch, warum er sonderbar ist.

Wenn man Wodka trinkt, erhält man sich den gesunden Menschenverstand und sein Gedächtnis oder aber verliert mit einemmal beides. Die »Komsomolzenträne« dagegen hat eine ganz andere, absurde Wirkung: Wenn man hundert Gramm davon trinkt, von dieser »Träne«, bleibt das Gedächtnis scharf, aber der gesunde Menschenverstand schwindet, als hätte man nie einen gehabt. Trinkt man weitere hundert Gramm, kann man sich nur noch wundern: woher kommt plötzlich so viel gesunder Menschenverstand? Und wo ist das ganze Gedächtnis geblieben?

Schon vom Rezept der »Träne« geht Wohlgeruch aus, aber der Geruch des fertigen Cocktails schmeißt einen völlig um, jedenfalls mich.

15 g	Lavendel
15 g	Eisenkraut
30 g	Rasierwasser »Fichtennadel«
2 g	Nagellack
150 g	Mundwasser »Elixier«
150 g	Limonade

Die so zubereitete Mixtur muß zwanzig Minuten lang mit einem Zweig Jelängerjelieber gerührt werden. Heute wird zwar behauptet, daß man notfalls statt eines Zweiges Jelängerjelieber auch einen Zweig Hexenzwirn verwenden kann, aber das ist falsch, fast kriminell. Ihr könnt mich erschlagen, aber ich würde die »Komsomolzenträne« niemals mit Hexenzwirn umrühren, ich würde immer Jelängerjelieber nehmen. Ich platze vor Lachen, wenn ich sehe, wie andere mit Hexenzwirn in der »Träne« herumrühren, statt mit Jelängerjelieber.

Aber genug der »Träne«. Ich empfehle euch jetzt das Letzte und Beste. »Das Ende krönt das Werk«, wie der Poet sagte. Kurz, ich empfehle euch den Cocktail »Schweinegekröse«, ein Getränk, das jedes andere in den Schatten stellt. Das ist kein Getränk mehr, das ist Sphärenmusik. Was ist das

Wunderbarste auf der Welt? Der Kampf um die Befreiung der Menschheit. Aber noch wunderbarer ist das hier (schreibt auf):

100 g Shiguli-Bier
30 g Haarshampoo »Nacht auf dem kahlen Berge«
70 g Anti -Schuppenmittel
30 g 13-F-Kleber
20 g Bremsflüssigkeit

Alles zusammen läßt man unter Zugabe von Zigarrentabak eine Woche lang ziehen und serviert es dann … Ich habe übrigens Briefe erhalten, in denen müßige Leser empfehlen, den so zubereiteten Aufguß durch ein Sieb tropfen zu lassen, das heißt in ein Sieb zu kippen und schlafen zu gehen … Der Teufel weiß, was das soll. Diese ganzen Verbesserungsvorschläge kommen nur daher, weil es den Leuten an Vorstellungsvermögen und geistigen Höhenflügen fehlt. Daher nämlich kommen diese stümperhaften Verbesserungsvorschläge …

Also, das »Schweinegekröse« ist serviert. Beginnt zu trinken, sobald der erste Stern am Himmel aufgeht, in großen Schlucken. Bereits nach zwei Gläsern werdet ihr eine solche Vergeistigung an euch feststellen, daß man euch aus anderthalb Meter Entfernung eine halbe Stunde lang ohne Unterbrechung in die Fresse spucken könnte, ohne daß euch das tangieren würde.

Kilometer 43 – Chrapunowo

Habt ihr denn wenigstens irgendwas aufgeschrieben? Na also, dann ist es erst mal genug für euch … In Petuschki, verspreche ich, da werde ich euch in das Geheimnis der »Jordanwellen« einweihen, falls ich lebend dort ankomme; falls Gott mir gnädig ist.

Und nun laßt uns mal gemeinsam nachdenken, was ich jetzt trinken könnte. Was ließe sich aus dem Läusewasser, das ich noch in meinem Köfferchen habe, zusammenpantschen? Der »Kuß der Tante Klara«? Ja, das müßte gehen. Meinem Köfferchen wird man nur zwei »Küsse« entlocken können: den »Ersten Kuß« und den »Kuß der Tante Klara«. Soll ich euch erklären, was ein »Kuß« ist? Nun, ein »Kuß«, das ist eine Mischung aus halb Rotwein beliebiger Sorte und halb Wodka beliebiger Sorte. Ein trockener Traubenwein plus Pfefferwodka oder Kubanskaja - das nenne ich zum Beispiel »Erster Kuß«. Die Mischung von selbstgebranntem Schnaps mit Portwein No. 33, das ist »Der erzwungene Kuß« oder einfacher »Kuß ohne Liebe« oder noch einfacher »Ines Armand«. Was gibt es nicht alles für »Küsse«! Damit einem nicht schlecht davon wird, muß man sich von Kind an daran gewöhnen.

Ich habe im Köfferchen eine Flasche Kubanskaja. Aber es fehlt der trockene Traubenwein. Also entfällt für mich der »Erste Kuß«, von dem kann ich nur träumen. Aber da sind noch anderthalb Flaschen Rossijskaja und der Rosé für einen Rubel siebenunddreißig. Die beiden zusammen ergeben den »Kuß der Tante Klara«. Zugegeben, er ist nichtssagend im Geschmack, um nicht zu sagen, ein Brechmittel, gut genug, um seinen Gummibaum damit zu gießen. Zugegeben. Aber was tun, wenn weder ein trockener Wein noch ein Gummibaum in der Nähe sind? Da muß ich mich eben wohl oder übel von Tante Klara küssen lassen.

Leute mit Stil trinken nie aus der Flasche, wenn daneben eine Konservendose steht.

51

Heute, am Sonntag, saßen wir bei mir auf der Datscha in P. zusammen. Kolja kam, wie zu erwarten war, noch einmal auf sein Filmfestival zurück und berichtete, wie er in Rotterdam mit einem Engländer, der lange in der Stadt lebte, am Stammtisch Wodka trank und ihm einen Witz erzählte.

Darauf sagte der Engländer zu ihm: »Weißt du, obwohl das ein englischer Witz ist, habe ich ihn jetzt zum ersten Mal verstanden, wo du ihn mir erzählt hast, eine Russe. Sicher hat der Wodka meinen Verstand geschärft.«

Zwei Engländer angeln. Plötzlich hängt an der Angel des einen Engländers eine Nixe. Der Engländer zieht sie aus dem Wasser, nimmt sie vom Haken ab und wirft sie zurück. Da fragte der andere Engländer: »Why?« Und der erste sagt: »How?«

Kolja: »Brüder, bei uns gibt es so was wie einen Stammtisch nicht. Das gibt es nur in Rotterdam, in Europa.«

»Unser Stammtisch ist die Küche! Oder Wanjas Datscha!«, sagte Borja.

Kolja: »Richtig! Denn Wodka hilft immer, das Gespräch in Gang zu bringen. Egal wo. Deshalb wird auch auf der Straße getrunken. Im Hauseingang, gleich im Schnapsladen. Morgens, am Tage und abends. Und nach der Arbeit. Und vor der Arbeit. Und statt der Arbeit.«

Borja wurde sentimental: »Kolja, weißt du noch, wie wir zusammen gearbeitet haben und nach dem Dienst immer in die Kantine gegangen sind und dort getrunken haben. Und auf dem Weg nach Hause, in der Metro, haben wir weitergetrunken. Gleich aus der Flasche. Und haben pausenlos über das Leben geredet.«

Kolja: »Weil die uralte Wahrheit immer noch gilt: Wodka belebt und macht die Menschen zu Brüdern. Im Mittelalter gab es sogar ein spezielles Genre, die sogenannten Tischgespräche. Alkohol löst die Zunge. Man kann leichter miteinander kommunizieren. Das ist überall so. Aber in Russland besonders, wo der Wunsch, miteinander zu reden, *Wer nicht arbeitet, der trinkt.* wichtiger als alles andere ist. Das ist geradezu schon wie ein Witz. Die Dosis, die während solch eines Gesprächs getrunken wird, ist ziemlich hoch, wie sich am Ende immer herausstellt. Deshalb gibt es in Russland so viele Alkoholiker. Aber das ist auch typisch für nordische Länder. Dort wird aus einem ganz einfachen Grund Hochprozentiger getrunken: Es ist ziemlich lange kalt, und Bier kann man bei Frost nicht draußen trinken. Das geht absolut nicht. Aber Hochprozentigen schon. Ein Harter wärmt die Haut schnell auf. Schon der erste Schluck gaukelt einem Wärme vor.

Kolja fing zu schwärmen an: von den Fruchtschnäpsen aus Polen, Ungarn, Österreich und Tschechien. Borja und ich fielen ein: der Pflaumenschnaps Sliwowitz, Birnenschnaps, egal welche Obstsorte.

»Bruder, du bist ein richtiger Wodkaspezialist!«, lobte Borja seinen Freund.

»Ich hab alles durchprobiert«, entgegnete Kolja.

Calvados Frankreich, Normandie. Aus Äpfeln, die sehr gut erhalten sind, nicht überreif. Reift in Fässern.

Framboise Frankreich. Aus Himbeeren und Resten der Himbeersaft- und Himbeerkonfitüreherstellung. Auch aus getrockneten Beeren.

Gin Großbritannien. Hergestellt aus Getreide, vor allem aus Gerste. Er wird mehrmals destilliert unter Hinzufügung von Wacholderbeeren.

Grappa Italien. Aus vergorenen alkoholhaltigen Pressrückständen bei der Weinherstellung, dem sogenannten Trester.

Kirschwasser Kirschwodka aus Süd- und Südwestdeutschland. Aus gegorenem Sauerkirschmost mit Kernen.

Kumys Baschkirien, Udmurtien. Milchwodka. Gegorene Kuh- und Schafsmilch, Pferdemilch.

Ouzo Griechenland. Anisschnaps.

Raki Türkei. Aus Weintrauben unter Hinzufügung von Anissamen.

Rum Lateinamerika, Kuba (der Beste), Jamaika, Puerto Rico, Haiti. Aus Zuckerrohr, Zuckerrohrmelasse, Produkten der Zuckerherstellung, Zuckerrohrsaft u.a. Von dem Rohstoff hängt die Qualität, Farbe und der Geruch des Rums ab.

Sake Reiswodka aus Japan. Aus Reis, Reismalz.

Schnaps Deutschland. Aus Kartoffeln, Rüben, Weizenmalz, Gerste.

Sliwowitz Ungarn, Slowakei, Rumänien und Jugoslawien. Aus Pflaumen und Renekloden.

Tschatscha Georgien. Aus unreifen weißen Weintrauben mit Stiel.

Whiskey Irland. Aus Gerstenmalz, unter Hinzufügung von Roggenkörnern und Gerste. Die Mischung reift fünf Jahre in Eichenfässern. Destillation.

Whiskey USA. Aus Maiskörnern unter Hinzufügung von Weizen. Reift in innen ausgebrannten Fässern. Daher kommt die dunkle Farbe, der typische Maisgeschmack verschwindet.

Whisky Schottland. Aus Gerste, Gerstenmalz. Die Komposition wird mehrmals destilliert. Das hinzugefügte Wasser stammt aus den klaren schottischen Flüssen.

Whisky Kanada. Aus Weizenmalz. Roggen- und Weizenkörner, Kartoffelspiritus.

Williams-Birnenbrand Schweiz. Aus Birnen.

»Trjochgornoje« – Bier jagt davon Branntwein und Samogon

★ **BORJA, KOLJA UND ICH** ★
IMMER NOCH SONNTAG, 6. APRIL 2008

»Neben meinem Filminstitut gibt es einen Spezialladen, der heißt ›Welt des Aromas‹«, meldete sich Kolja zur Sache. »Ich bin nicht deren Reklameagent, deshalb kann ich es ja verraten: Ein miserabler Laden ist das. Sie haben nicht mal Whisky. Aber sie verkaufen ein sagenhaftes

Getränk, das heißt ›Samogon Kosogorow‹. Das ist irgend so ein ukrainisches Gesöff, wahrscheinlich aus Weintrauben. Es schmeckt genauso wie Grappa, heißt aber ›Samogon Kosogorow‹. ›Kosogorow‹ kommt von dem russischen Wort ›koceTb‹, ›koset‹ – in Schieflage geraten. Urkomisch, schmeckt aber wunderbar. Ich hab es schon mehrfach gekostet. Und ›Samogon Kosogorow‹ garantiert dir eine absolut schnelle Schieflage.«

Borja: »Ich war mal in einer Bierbar. Da saß ein Obdachloser, der tat mir plötzlich so leid!«

Kolja unterbrach ihn: »Viele trinkende Männer werden sentimental. Das ist wie ein Gesetz.«

Borja überhörte Koljas Einwurf: »Jedenfalls tat der mir entsetzlich leid. Ich sah immer seine Augen vor mir, die völlig nüchtern waren und mich die ganze Zeit anblickten. Ich wühlte in meinen Taschen und gab ihm alles Geld, was ich hatte. Dann musste ich schleunigst los, um nicht die letzte Metro zu verpassen. Und dann bin ich doch zu spät gekommen …«

»Ach, an diese Geschichte erinnere ich mich gut!«, fiel Kolja ein. »Denn ich habe dir für das Taxi mein letztes Geld gegeben. Ihr wisst doch, dass eine bestimmte Dosis Alkohol den Menschen zu Heldentaten veranlasst. Oft können sich die Leute am nächsten Morgen nicht mehr erinnern, was am Abend vorher los war. Und wenn man ihnen erzählt, was sich abgespielt hat, kommt ihnen das wie eine fantastische Geschichte vor.«

Borja: »Wie recht du hast, mein lieber Freund. Meine Kollegen Walera und Wolodja haben so viel getrunken, dass sie plötzlich auf die Schnapsidee kamen, sich eine Prostituierte nach Hause zu bestellen.«

Kolja: »Gab's denn zu sowjetischen Zeiten Prostituierte?«

Borja: »Kolja, tu nicht so naiv! Außerdem war das

schon in den neunziger Jahren. Das Mädchen sagte gleich: ›Zuerst das Geld!‹ Dann ging sie sich umziehen. Die Männer waren völlig betrunken und warteten. Stundenlang. Bis sie einschliefen. Das Mädchen und ihr Geld sahen sie nie wieder.«

Kolja: »So was nennt man ›Russisches Business‹. Wisst ihr, was ›Russisches Business‹ ist? Der Westen rätselt immer herum, wie das geht mit dem Öl und dem Gas. Dabei ist ›Russisches Business‹ ganz einfach: Einen Kasten Wodka klauen, billig verkaufen und sich vom Erlös besaufen.«

Borja lachte Tränen: »Haha, das Geschäft begießen!«

Doch gleich darauf wurde er ernst: »Wanja, wir müssen dich jetzt leider verlassen. Sonst schaffen wir die letzte Elektritschka nach Moskau nicht mehr.«

Kolja erschrak: »Oh, Brüder, es ist ja schon elf! Ich muss dringend los. Meine Frau wartet.«

Und ich begleitete die beiden zur Bahnstation P. Dann ging ich zurück zu meiner Datscha, schaltete den Computer ein und begann zu schreiben.

Ein harmloser Wodkatrinker unterscheidet sich von einem Alkoholiker dadurch, dass er nicht vor 17 Uhr die Flasche aufmacht.

☆ ANEKDOTE VOM GRAFEN TOLSTOI ☆

Graf Tolstoi, nicht der alte Lew, sondern ein heutiger Tolstoi, lebt in Jasnaja Poljana, dem alten Landgut der Familie. Er hat schlechte Erfahrungen mit Gerichten gemacht. »Jasnaja Poljana« und »Lew Tolstoi«, diese beiden klangvollen Namen, werden häufig für Produkte benutzt, die mit Russland zu tun haben. Eine Pralinensorte in Frankreich hieß zum Beispiel »Jasnaja Poljana«. Die Hersteller meinten, mit diesem charismatischen Namen könnten sie ihre Süßigkeiten besser verkaufen. Aus dem gleichen Grund hieß ein Wodka, der in Deutschland hergestellt wurde, »Lew Tolstoi«. Auf dem Etikett war der Schriftsteller abgebildet, es waren sogar seine Lebensdaten vermerkt. Die Familie Tolstoi prozessierte und gewann gegen die Pralinenhersteller und auch gegen die deutsche Wodkafirma. Das Einzige, was die Familie Tolstoi jedoch erreicht hat, war, dass die Deutschen die Produktion einstellen mussten. Die Tolstois bekamen nicht einmal eine Geldentschädigung. So hat der Prozess nur einer bestimmten Kategorie Menschen Nutzen gebracht – den Trinkern. Denn dieser Wodka »Lew Tolstoi« war miserabel.

★ BORJA, KOLJA UND ICH ★
MONTAG, 13. OKTOBER 2008, 17 UHR

Nach einer langen Sommerpause trafen wir uns wieder einmal auf Koljas Arbeit im Institut für Filmwissenschaft in der Nähe des Puschkinplatzes. In seinem kleinen Kabuff. Borja war schon da, als ich eintrat. Ich sah gleich, was los war. Auf dem Tisch neben dem Laptop lagen trockenes Brot, Speck und Käse. Das bedeutete doch … Und schon holte Kolja die Flasche unterm Tisch hervor und Gläser aus dem Schrank. Sie hatten auf mich gewartet! Das wollte was heißen!

Borja kam gerade vom Festival des internationalen Animationsfilms, das regelmäßig auf einem Dampfer stattfindet, der von Kiew zum Schwarzen Meer fährt. Er war Ehrenmitglied der Jury. Zehn Tage waren sie bis Odessa unterwegs und haben sich Filme angesehen – oder zumindest so getan.

Kolja: »Na, wie war's auf deinem betrunkenen Schiff?«

Mit seiner Antwort löste Borja Hohngelächter aus: »Ich hab keinen einzigen Tropfen in den Mund genommen!« Borja war direkt beleidigt: »Ihr wisst doch, mir hat es der Arzt verboten. Meine Bauchspeicheldrüse!«

»Hör mal, Borja«, meinte Kolja, »zwei Wochen schauen sich Leute Trickfilme an, die sie schon längst kennen. Sie haben nichts zu tun und quatschen miteinander. Was bleibt ihnen anderes übrig, als zu saufen. Einmal bin ich mitgefahren, weißt du noch, Borja? Das hat mir gereicht. Danach habe ich beschlossen, nie wieder meinen Fuß auf dieses Schiff zu setzen. Das ist zu gefährlich für meine Gesundheit. Das hält man nicht aus.«

Da mischte ich mich ein: »Was reden wir immer so theoretisch vom Saufen? Lasst uns endlich zur Praxis übergehen!«

Dreimal erklang es hell, denn wir stießen auf unsere Gesundheit an.

Borja, mit einem Stück Brot im Mund, krittelte herum: »Es fehlen Salzgurken und eingelegte Pilze!«

Und alle wie aus einem Munde: »Tatsächlich!« Wir griffen beherzt zu trocken Brot und Speck.

Kolja: »Ich weiß nicht, woher das kommt. In Russland isst man immer Brot und Speck beim Wodkatrinken.«

Borja: »Bei mir in der Familie war Schwarzbrot mit Butter üblich. Die Butter musste unbedingt weich sein. Dann gab es noch gekochte Kartoffeln mit Salz. Manche geben noch saure Sahne dazu – Smetana. Wenn wir gut bei Kasse waren, hatten wir drei oder vier verschiedene Fleischsorten oder Wurst.«

Kolja: »Plinsen, Hering und saure Sahne!«

Borja: »Warte mal, Plinsen, gefüllt mit Hering und saurer Sahne? So was gibt's doch gar nicht!«

Kolja: »Das ist ein typisch russisches Essen!«

Borja: »Höre ich zum ersten Mal.«

So unterschiedlich können Esstraditionen sein. Diesmal unterstützte ich Kolja mit meinem Wissen: »Saure Sahne ist fett. Die Plinsen sind ohne Fett. Eine ideale Mischung. Na, dann kann man noch roten Kaviar auf die

Plinsen geben, Butter und alles Mögliche … Aber es muss immer ein Element Fett dabei sein. Und immer irgendeine Stärke. Also Kartoffeln. Und was Salziges. Ganz Russland trinkt so. Also unbedingt Brot und Kartoffeln.«

Kolja: »Weil Brot und Kartoffeln den Alkohol absorbieren.«

»Ich frage mich, warum die Menschen überhaupt trinken, wenn sowieso alles absorbiert wird«, warf ich ein.

Borja klatschte vor Freude in die Hände: »Damit man mehr trinken kann.«

»Bei mir zu Hause wird zum Beispiel immer eine Suppe gereicht. Mit Fleisch. Selbst zu sowjetischen Zeiten gab es diese Suppe, als es mit Fleisch nicht so üppig bestellt war«, meinte ich.

Borja: »Na, hör mal, Wanja, natürlich konnte man zu sowjetischen Zeiten Fleisch kriegen. Vielleicht in den sechziger Jahren nicht, als Chruschtschow an der Macht war mit seiner Wurst am Stengel, dem Mais.«

Zum Trinken braucht man eine Grundlage im Magen – Stärke und Fett. Damit der Alkohol nicht zu scharf ist. Da musste ich Kolja recht geben.

Borja: »Was du da erzählst, ist mir zu wissenschaftlich, Wanja. Ich erzähl euch lieber von den leckeren Sachen, die es in Sibirien zum Wodka gab, als ich dort lebte.«

»Na klar«, sagte ich, »wie ein Mensch trinkt, hängt von seiner Biografie ab, woher er kommt. In den nördlichen Ländern werden harte Sachen getrunken. In den südlichen Ländern schwächere Getränke, wie Wein in Italien und Frankreich. In Deutschland, Österreich, der Schweiz und so weiter gibt es hauptsächlich Bier. Je nördlicher, desto mehr Schnaps wird getrunken. In Finnland, Schweden und Norwegen wird Wodka getrunken. In Schottland Whisky. Und Selbstgebrannter. Da brennen alle selbst. Und in Russland, wo es ungefähr sechs Monate im Jahr kalt ist, trinkt man eben Wodka. Bei Frost Bier zu trinken, ist noch aus einem anderen Grund völlig unsinnig. Der Organismus muss sich bei Kälte auf der Stelle von überflüssigem Wasser befreien. Also musst du rennen. In Wodka ist wenig Wasser, aber eine hohe Konzentration von Alkohol. Kaum hat man einen Schluck getrunken, schießt das Blut in die Haut. Die Gefäße werden erweitert, und du hast den Eindruck, als ob dir wärmer würde.«

Borja intervenierte: »Ihr wisst sehr gut, dass das eine gefährliche Illusion ist.«

Kolja: »Stimmt. Aber es ist so. Vom Bier wird einem nicht warm. Deswegen ist es wie ein Gesetz: Die Nordvölker trinken Hartes.«

»Aber es ist nachgewiesen, und es steht auch in seriösen Schriften, dass Russland den Wodka von Italien übernommen hat. Da heißt er Grappa. Bei uns gab es zwar Gebrannten, aber nicht so einen reinen«, protzte ich mit meinem Wissen.

Kolja: »Mag ja sein. Aber stell dir mal vor, du sitzt in Italien und trinkst acht Stunden hintereinander Grappa. Das ist doch eine Katastrophe. In Russland den ganzen Tag dazusitzen, sich zu unterhalten und Wodka zu trinken, ist die normalste Sache der Welt.«

Eigentlich ist der Wodka für die Russen etwas Sakrales, also eine ewige Substanz, die keiner geschichtlichen Enträtselung bedarf. Aber ein Skandal, der 1977 den Weltmarkt erschütterte, führte zu einem genauen Studium der Geschichte des russischen Wodkas. In jenem Jahr nämlich wollte die Sowjetunion mit einigen Wodkamarken auf den amerikanischen Markt gehen. Der Handel wurde jedoch mit der Begründung abgelehnt, die Wodkamarken aus Russland seien nicht authentisch. Ein Jahr später folgte ein noch viel härterer Schlag gegen den sowjetischen Außenhandel: Die Polen, damals noch treue Mitglieder des Warschauer Vertrags, erklärten, dass der Wodka eigentlich ein polnisches Getränk sei und die Russen nicht das Recht auf dieses Markenzeichen hät-

Russischer Mönch bei
der Alkoholherstellung

ten. Nun brach ein richtiger Handelskrieg aus, und die sowjetischen Beamten suchten händeringend nach einem Spezialisten, der nachweisen konnte, dass der russische Wodka älter war als der polnische. Sie fanden ihn in dem Journalisten Wiljam Pochlebkin, der ein großes wissenschaftliches Traktat über die Geschichte des Wodkas verfasste, in dem er bewies, dass die Polen erst Jahrzehnte nach den Russen Wodka herstellten und dass nur der Wodka aus Russland der einzig echte ist.

Der arme Pochlebkin! Dieses Traktat ist ihm wahrscheinlich teuer zu stehen gekommen. Er wurde im Jahr 2000 in seiner Wohnung in Podolsk bei Moskau ermordet, und bis heute hält sich das Gerücht, dass das ein Racheakt der Polen war.

Schenkt man den Legenden Glauben, dann wurde der Wodka erstmals im Moskauer Kreml hergestellt, an der Stelle, wo das Wunder-Kloster stand, das heute nicht mehr existiert. Und zwar Ende des 15. Jahrhunderts, als die Russen sich vom Mongolenjoch befreiten. Anfangs verwendeten die Mönche dafür Alkohol, der über den Hafen Feodossija auf der Halbinsel Krim aus Genua eingeführt wurde. Später wurde der Wodka dann aus einheimischem Getreidespiritus und weichem Quellwasser hergestellt.

Wodka in kleinen Dosen ist gesund in beliebiger Menge.

Viele Dokumente, die mit der Geburt des Wodkas zusammenhängen, wurden in der Mitte des 16. Jahrhunderts von der orthodoxen russischen Kirche vernichtet, die den Wodka als Erfindung des Teufels bezeichnete. Allerdings haben die Popen den Wodka immer verehrt.

Die Mischung aus Spiritus und Wasser weist eigentlich auf die Mittelmeerkultur hin, auf die alten Griechen, die Wein und Wasser vermengten. Diese wässrige Lösung diente anfangs eher medizinischen Zwecken, sie wurde als Desinfektionsmittel bei der Wundbehandlung benutzt.

Aber der Wodka verwandelte sich bald von der Arznei in das »brennende Wasser«, über das Schweden zu berichten wussten, als sie 1505 einen Reisebericht über Moskau schrieben. Dieses »brennende Wasser« zündete ganz Russland an. Seit dieser Zeit gab es auch billige Fälschungen. Und der Staat machte eine Erfahrung, die von hohem ökonomischem Wert ist – der Russe gibt sein letztes Geld für Wodka hin.

Wieder und wieder wurden Gesetze erlassen, die einmal das Brennen erschwerten, es ein anderes Mal wieder erlaubten. Das ließen sich die Russen nicht gefallen und erfanden schon im 17. Jahrhundert den Samogon – den Selbstgebrannten. Natürlich entwickelten sie dabei mit lebhafter Fantasie die größten Fertigkeiten. Bis heute. Siehe Wenedikt Jerofejew.

»Das russische Volk säuft sich zu Tode. Es tut mir leid!«, sagte Alexander III. zu seinem Finanzminister Sergej Witte. 1894 unternahm Witte sogleich den Versuch, die Wodkaherstellung und den Verkauf zu verstaatlichen. Außerdem strebte er eine Qualitätsverbesserung des Wässerchens an und zog den Chemiker Dmitri Mendelejew hinzu. Vorher wurde der Wodka ganz primitiv hergestellt, indem man Spiritus und Wasser im Verhältnis 1:1 mischte. Diese Mischung von Wasser und Spiritus wurde dann mit Aktivkohle bearbeitet und zweimal gefiltert. Der findige Mendelejew bemerkte, dass Spiritus unter Beifügung von Wasser die Eigenschaft hat, das ganze Gemisch auf geheimnisvolle Weise zusammenzubinden. 500 Gramm Wasser und 500 Gramm Spiritus ergeben 941 Gramm Wodka. Um die schmackhafteste und gesündeste Mischung zu erreichen, sollte man ein Verhältnis von 40 Grad Spiritus einhalten, meinte Mendelejew. Bei 41 Grad oder 39 Grad verschlechtert sich die physiologische Wirkung des Wodkas auf den Organismus radikal.

40 Grad wurde der Standard des russischen Wodkas, das heißt 40% Spiritus und 60% Wasser.

Unter Nikolai II. wurde ein Alkoholverbot ausgesprochen, das auch nach 1917 galt, als die Bolschewiki die Macht ergriffen. Die übernahmen zwar das »Trockene Gesetz«, aber während des Bürgerkriegs stürmten sowohl die Roten als auch die Weißen die Wodkalager und betranken sich unsäglich. Es geht das Gerücht, dass die Roten deshalb siegten, weil unter ihnen die Wodkalager besser bewacht waren und die roten Soldaten sich nicht wie die weißen sinnlos betrinken konnten.

Der Wodka ist unser Feind, wir vernichten ihn! – Assoziation zu Stalins Worten: »Wenn der Feind sich nicht ergibt, vernichten wir ihn.«

1923 hob Stalin das »Trockene Gesetz«, das Alkoholverbot, auf, womit seine Popularität im Volke stieg. Er ordnete die Herstellung von 30-gradigem Wodka an, und 1924, als Lenin starb, sprang der Grad des Wodkas auf die Mendelejewsche Norm von 40 hoch. Das Geld, das der Staat mit dem Wodkaverkauf verdiente, wurde in die sozialistische Industrialisierung gesteckt. Als in den dreißiger Jahren der Stalinsche Terror begann, wurde wieder weniger Wodka getrunken. Die Menschen hatten Angst, unter Alkoholeinfluss etwas Dummes zu sagen und dann eingesperrt zu werden.

Während des Zweiten Weltkriegs bekam jeder Soldat an der Front täglich hundert Gramm Wodka zugeteilt – die »Volkskommissar-Ration« vom Ministerium für Verteidigung. Ob diese Norm auch eingehalten wurde, wird von Kriegsteilnehmern stark angezweifelt. Allerdings behaupten die Wodkahersteller, dass das russische Nationalgetränk eine ebenso große Rolle beim Sieg über den Faschismus spielte wie der Granatwerfer »Katjuscha«. Aber gerade diese hundert Gramm »Volkskommissar-Ration« haben verhee-

Es gibt zwei Sorten Wodka: guten oder sehr guten.

rende Folgen für die Nachkriegsgeneration gehabt, denn die Alkoholabhängigkeit erreichte im Jahr 1960 einen neuen Höhepunkt.

Als Jelzin 1992 das Monopol des Staates über die Wodkaherstellung und den -verkauf aufhob, brach Chaos aus. Die illegalen Wodkahersteller wurden zu neuen Millionären, die den wilden russischen Kapitalismus ankurbelten. Der Wodka bewies wieder einmal, wer in Wirklichkeit der russische Gott ist.

Auch heute noch bringt der Wodka den vielen privaten Wodkafabriken Millionen ein. Normalerweise muss der Hersteller 80% vom Preis als Steuer bezahlen und bekommt dafür einen Steueraufkleber. Aber auf die Wodkaflaschen, die nachts abgefüllt werden, klebt man einfach nachgemachte Steuermarken. Und kann den vollen Preis für die Flasche kassieren.

Bis zum Jahr 1906 wurde übrigens das Wort »Wodka« als Bezeichnung für das populäre Getränk offiziell nicht verwendet, eher »Getreidewein«. Aber was die Anzahl von Euphemismen betrifft, kann sich wohl höchstens das männliche Geschlechtsorgan mit dem Wodka vergleichen.

Wodka ist besser als Brot – man muss ihn nicht kauen.

Seit Urzeiten wird der Wodka bezeichnet als: »heißer Wein«, »Monopolka«, der »Bittere«, besonders wenn man ihn trinkt, um seinen Kummer zu ertränken. Oder man nennt ihn »Weißen« oder »Halber Liter« und so weiter bis ins Unendliche. »Feuer und Wasser«, »Getreideträne«. Der Begriff »Samogon« entstand in den unteren Schichten der Bevölkerung und bezeichnet meist selbstgemachten, unreinen Wodka. Aber wir wissen ja, dass der Samogon ein edles Getränk sein kann.

Das Wort »Wodka« selbst ist natürlich etymologisch mit »Wasser« verbunden, das Suffix »k« bedeutet die Verkleinerung – also »Wässerchen«. Bis zum Ende des 19. Jahrhunderts wurde der Wodka nicht in Flaschen, sondern in Eimern ausgeschenkt. Wie es immer war in Russland – die Eimer reichten nie aus.

Der Russe trinkt den Wodka, der eigentlich nach nichts schmeckt, in einem Zuge aus, wobei er sein Gesicht verzieht und unsäglich flucht, um dann ein Stück Brot in die Hand zu nehmen, daran zu schnuppern und es hinunterzukauen. Wichtig ist nicht der Prozess, sondern das Resultat. Deshalb sagen manche, Wodka braucht man nicht zu trinken, sondern man kann ihn sich gleich in die Vene spritzen, mit demselben Resultat.

Wodka TITANIC – eine einzige Flasche und du liegst auf dem Grund.

Aber all das eben Gesagte stimmt auch wieder nicht. Der Wodka gleicht einem Lied, das unendlich viele Strophen hat, mit poetischen Worten und mit unsäglichen.

★ MEINE FREUNDIN LANOTSCHKA ★
ODER WARUM DIE RUSSEN DAS GLAS IN EINEM ZUG LEEREN

Ich habe eine Freundin mit Namen Lanotschka. Sie trinkt gern mal ein Gläschen, obwohl sie schon 85 Jahre ist. Wenn ich zu ihr zu Besuch komme, kocht sie, obwohl sie jüdischer Abstammung ist, nach alter russischer Sitte Pellkartoffeln, die wir mit Salzhering und viel Butter essen. »Wodka liebt Butter«, sagt sie immer und nötigt mich, ein großes Stück auf die heißen Kartoffeln zu legen.

Lanotschka hat früher Trickfilme gezeichnet. Über vierzig Filme hat sie produziert, die von Klein und Groß bis heute geliebt werden. Als ich sie einmal fragte, ob sie eine lustige Geschichte über ihre Filmkollegen und den Wodka wisse, meinte sie, nein, lustige kenne sie nicht, eher traurige: »Bei uns im Filmstudio haben sie alle Wodka gesoffen, einige meiner liebsten Freunde und Kollegen haben sich zu Tode gesoffen.«

Aber eine amüsante Geschichte hat sie mir doch erzählt: »Als ich das erste Mal im Ausland war, in Israel, wurde mir bei einem Empfang Alkohol in einem bauchigen Glas gereicht. Und ich trank es, so wie ich es bei uns in Russland gelernt hatte, in einem Zug aus. Alle sahen mich mit großen Augen an. Erst da bemerkte ich, dass die anderen Gäste den Alkohol vornehm in den Gläsern hin und her schwenkten und daran nippten.«

Dann erzählte sie noch eine tragikomische Geschichte, in der das Trinken auf ex fast zum »Ex« geführt hätte: »Neulich hat mich ein ehemaliger Kollege in höchster Not angerufen. Er ist genauso alt wie ich, 85 Jahre. Er weinte, er könne sich nicht mehr bewegen, liege völlig gelähmt im Bett. Es stellte sich heraus, dass er eine neue Arznei bekommen hatte, Herztropfen in einem Fläschchen. Und er hat dieses Fläschchen nach alter Gewohnheit in einem Zug geleert. Zum Glück konnte ich noch rechtzeitig den Notarzt hinschicken, der hat diesen Dussel gerettet. Aber dafür ist mein Zuckerspiegel gleich gestiegen. Ich habe mich schrecklich aufgeregt. Diese Kerle kann man einfach nicht allein lassen!«

Lanotschka und ich haben lange darüber meditiert, warum die Russen das Glas in einem Zug leeren. Vielleicht weil das Zeug so furchtbar schmeckt und man es so schnell wie möglich hinunterschlucken will? Weil es so unangenehm riecht? Aber guter Wodka zum Beispiel ist geruchlos. Oder weil man sich so schnell wie möglich betrinken will?

Ich habe in der Literatur nachgeforscht und folgende Erklärung gefunden, die bis ins 16. Jahrhundert zurückreicht: In einer russischen Bauernhütte gab es nur einen Raum, der gleichzeitig Schlafzimmer, Esszimmer und

Küche war. Doch seit dem 16. Jahrhundert gab es ein Gesetz, das besagte, dass man in diesem einen Zimmer keinen Wodka trinken durfte, sondern nur im »Kabak«, in der Kneipe. Dort gab es Zarenwodka, das heißt, der Zar war der Hersteller, der russische Staat. Aber er lieferte nur den Wodka, nicht das Essen. Essen war etwas Privates. Deshalb war in Russland bis zum Beginn des 20. Jahrhunderts das Essen nicht mit dem Wodkatrinken verbunden. Die Leute kamen nur zum Trinken in den »Kabak«, an anderen Orten war es ja verboten. Es wurde ein riesiger Eimer gereicht, der 14 Liter fasste. Deshalb trinken bei uns schon die 13- und 14-Jährigen den Wodka genauso wie im 16. Jahrhundert, nämlich in großen Zügen.

☆ FJODOR DOSTOJEWSKI ☆
»DER JUNGE MIT DEM HÄNDCHEN«

Kinder sind seltsame Menschen, sie drängen sich in deine Träume und gehen dann nicht mehr weg. Vor Heiligabend und am Heiligabend selbst traf ich an einer Straßenecke einen Jungen, der garantiert nicht älter als sieben Jahre war. Bei der schrecklichen Kälte war er fast sommerlich gekleidet, um seinen Hals jedoch war ein alter Schal gewickelt – also sorgte sich jemand um ihn, wenn er ihn losschickte. Er ging »mit dem Händchen«; das ist ein Fachausdruck und heißt betteln gehen. Diesen Ausdruck haben sich die Jungens selbst ausgedacht. Solche wie ihn gibt es eine Menge, sie stellen sich dir in den Weg und jammern dir was vor, was sie auswendig gelernt haben; dieser Junge aber jammerte nicht, er sprach ganz unschuldig und ungewöhnlich und sah mir voller Vertrauen in die Augen. Wahrscheinlich war er ein Anfänger. Auf meine Fragen entgegnete er, er habe eine Schwester, die sei arbeitslos und krank; das stimmte sicher, aber später habe ich erfahren, daß es solche Jungens in rauhen Mengen gibt: Sie werden selbst bei der größten Kälte »mit dem Händchen« losgeschickt, und wenn sie nichts einnehmen, warten Schläge auf sie, könnte ich wetten. Wenn so ein Junge ein paar Kopeken eingesammelt hat, kehrt er mit roten, steifgefrorenen Händen in den Keller zurück, wo eine Bande Penner säuft, dieselben, die »am Samstag vor dem freien Sonntag in der Fabrik streiken und nicht vor Mittwoch abend wieder zur Arbeit gehen«. Mit ihnen saufen ihre hungrigen und geprügelten Frauen, es wimmern ihre hungrigen Säuglinge. Wodka und Schmutz und Laster, aber vor allem Wodka. Mit dem erbeuteten Geld wird der Junge gleich weiter in die Kneipe geschickt, wo er noch mehr Schnaps holt. Zum Spaß gießen sie auch ihm manchmal eine halbe Flasche Wodka in den Schlund und lachen, wenn es ihm den Atem verschlägt und er fast ohnmächtig umsinkt.

… und ohne Mitleid goß er mir

den Wodka in den Mund …

Wenn der Junge groß ist, steckt man ihn so schnell wie möglich in eine Fabrik, doch alles Geld, was er verdient, muß er diesen Pennern geben, und die vertrinken es dann wieder.

Aber schon bevor die Jungens in die Fabrik kommen, werden sie perfekte Verbrecher. Sie stromern durch die Stadt und kennen allerlei Ecken in verschiedenen Kellern, wo sie unterschlüpfen und heimlich übernachten können. Einer hat mehrere Nächte hintereinander bei einem Hausmeister in einem Korb geschlafen, und der hat ihn nicht einmal bemerkt. Es versteht sich von selbst, daß sie anfangen zu klauen. Der Diebstahl wird sogar schon bei achtjährigen Kindern zur Leidenschaft, ohne daß ihnen manchmal das Verbrecherische ihres Tuns bewußt ist. Am Ende nehmen sie alles hin – Hunger, Kälte, Schläge –, wenn sie nur ihre Freiheit behalten. Sie laufen ihren Pennern weg und gehen auf eigene Faust betteln. Diese verwilderten Geschöpfe wissen oft nicht einmal, wo sie leben, zu welcher Nation sie gehören, ob es einen Gott gibt, einen Zaren; über sie werden solche unglaublichen Geschichten erzählt, daß man seinen Ohren nicht traut, und doch sind sie wahr.

★ DIE GESCHICHTE DES WODKAS II ★

Der Wodka hat alles besiegt – die kirchliche Orthodoxie, den Zarismus und den Kommunismus. Er ist die eigentliche Geschichte Russlands. Wenn man nämlich die Zeit zusammenrechnet, die der Russe dem Trinken von Wodka widmet, und alle Folgen, die damit zusammenhängen, alle seelischen Ausbrüche, die sich spiegeln in den Handlungen, den Fantasien, den wirren Träumen, den wochenlangen Trinkgelagen, den Familienkatastrophen, den Morden und Selbstmorden, den Unglücksfällen, dem schamhaften Kater nicht zuletzt, dann muss man erkennen, dass es neben

In Russland sind die besten Menschen die betrunkensten Menschen und die betrunkensten Menschen die besten Menschen.
Fjodor Dostojewski

der Geschichte des russischen Staates noch eine zweite, geheime gibt.

Das Mitleid des russischen Volkes mit Betrunkenen, undenkbar in anderen Ländern, einschließlich Polen, ist nicht weniger stark als das Mitleid der alten Intelligenz mit gefallenen Seelen.

★ DAS STRAFGLAS ★

Wenn Peter der Große ein Fest gab, kamen viele Menschen. Er hasste es aber, wenn sich jemand verspätete. Deshalb erfand er das »Strafglas«. Dieses Strafglas ist bis heute Tradition in Russland geblieben. Wenn jemand zu spät zu einer Feier kommt, werden ihm 100 Gramm Wodka eingeschenkt, und der Verspätete muss sie in einem Zug austrinken. Zu Peters Zeiten war die »Strafe« allerdings härter. Die Schlafmütze bekam anderthalb Liter »Getreidewein« und musste den »Adlerpokal« auf einen Hieb leeren. Wenn jemand diese hohe Dosis ausgetrunken hatte, fiel er bewusstlos um. Kein Wunder, dass alle Angst hatten, zu spät zum Fest zu kommen. Oder sie kamen zu zweit. Der eine trank den »Adlerpokal«, und der zweite sprach mit dem Zaren über wichtige Angelegenheiten.

★ DIE GESCHICHTE DES WODKAS III ★

Das Wort »Wodka« taucht zum ersten Mal in offiziellen Dokumenten unter Jelisaweta Petrowna, der Tochter Peters des Großen, Mitte des 18. Jahrhunderts auf. Davor wurden, wie gesagt, Wörter wie »Medizin«, »Getreidewein« oder einfach »Getränk« benutzt.

Aber zu Zeiten Jelisawetas taugte die Qualität des Wodkas noch nichts. Er hatte eine gelbliche Farbe und roch unangenehm. Trotzdem wurde er getrunken, wegen des berauschenden Effekts.

Als Jekaterina II. an die Macht kam, gab sie den Adligen das Recht, Wodka zu Hause zu brennen. Die versuchten natürlich, den besten Wodka herzustellen. Sie brannten ihn mehrmals und fügten Geschmacksstoffe pflanzlicher Herkunft hinzu, also verschiedene Kräuter, Beeren usw. Es gehörte zum Prestige, Wodkasorten in allen Buchstaben des russischen Alphabets zu besitzen, von »А« bis »Я«, das heißt Aniswodka, Apfelwodka, Beerenwodka, Birnenwodka, Pflaumenwodka usw.

Damals wurde sogar ein Ratespiel erfunden. In ein Glas wurden ein paar Tropfen Wodka mit Geschmack gegeben. Nun musste man erraten, welche Beigabe benutzt wurde, und den Anfangsbuchstaben aufschreiben. So musste man viele Gläser mit den unterschiedlichsten Sorten trinken und aus den einzelnen Buchstaben ein Wort bilden.

Katharina II. eröffnete in den Städten Traktire, Gasthäuser. Dort wurde Wodka und ein Imbiss gereicht – die sogenannte Sakuska.

Nach dem Krieg gegen Napoleon feierte der russische Wodka sein Debüt auch in Frankreich, vor allem in Restaurants für russische Offiziere, die natürlich auch von Franzosen besucht wurden. So kam der Wodka unter die Franzosen und wurde von ihnen zum Lieblingsgetränk erkoren.

Unter Nikolai I. wurde in St. Petersburg ein Institut eröffnet, in dem der Alkohol untersucht wurde. Man wollte für den Wodka einen bestimmten Standard herausfinden, eine besondere Norm. Der große Mendelejew legte hier die ideale Mischung von Alkohol und Wasser fest. Ich habe sie weiter oben bereits beschrieben. Und im Jahr 1894 wurde

diese Mischung als »Moskauer Besonderer Wodka« –
»Moskowskaja osobennaja Wodka« patentiert.

Auch die Geschichte der Wodkagefäße ist nicht uninteressant. Unter Iwan dem Schrecklichen wurde der Wodka noch in Eimern verkauft. Normalerweise fasste dieser Behälter 12 Liter, die Moskauer Eimer allerdings fassten 14 Liter.

Unter Nikolai II. wurde die europäische Getränkeabfüllung eingeführt – die Glasflasche. Es gab Ein-Viertel-Eimer, Ein-Achtel-Eimer, und die kleinste Einheit war ein Zweihundertstel-Eimer – der sogenannte Schkalik, das sind 50 Gramm. Der normale staatliche Wodka wurde in gewöhnlichen grünen Flaschen ausgegeben. Die Privathersteller waren da erfinderischer. Sie ließen für ihren Wodka geformte farbige Flaschen mit Aufdrucken anfertigen. Jeder wollte dem Käufer am besten gefallen. Ein »Schtoff« zum Beispiel ist eine quadratische Flasche mit kurzem Hals. Darin wurde beispielsweise Wodka »Smirnoff« verkauft.

Der Wodka ist ein Beichtgetränk. Im angetrunkenen Zustand legt der Mensch seine ganze Seele offen dar und erkennt sich oft selbst.

Wodka »Smirnoff« gibt es in Amerika und in Russland. Im 19. Jahrhundert wanderte ein Nachfolger der Familie Smirnow nach Amerika aus und gründete dort die Wodkafirma »Smirnoff«, die seitdem den Wodka nach dem russischen Originalrezept herstellt. Das Rezept ist nach wie vor ein Geheimnis. Aber welcher »Smirnoff« ist nun der originale? Es ist bestimmt genauso wie mit dem russischen Borodiner Brot oder dem russischen Borstsch: Man kann sich mühen, wie man will, die Rezeptur genau einhalten, die gleichen Zutaten verwenden – es kommt nicht dasselbe dabei heraus. Ja, ich versteige mich sogar zu der Behauptung, dass der originale Wodka, in Russland getrunken, anders schmeckt, als wenn man ihn in Amerika oder Deutschland trinkt. Selbst wenn er direkt aus

Russland importiert wurde. Genauso ist es mit dem Brot, das man von einer Reise aus Russland mitbringt. Es hat nicht annähernd den Geschmack, den es in Russland hat, obwohl es dasselbe Brot ist. Ob das an der Luft liegt?

Doch zurück zur Geschichte: Jede Wodkafabrik, ob es nun »Smirnow« oder »Kristall« ist, hat ihr geheimes Originalrezept, das sie hütet wie ihren Augapfel. Berühmte Wodkafabriken in der Zarenzeit waren: Smirnow, Schtritter, Schustow, Dolgow.

1904 wurde in Russland ein Gesetz erlassen, das die Herstellung und den Verkauf von Wodka untersagte. Es galt bis zum Anfang des Ersten Weltkriegs und auch danach, als die Bolschewiki an die Macht kamen. Lenin, der Führer des Proletariats, der Wodka nicht mochte und Bier bevorzugte, hob das Wodkaverbot ebenfalls nicht auf.

Unter Stalin, der die Produktion des Wodkas nicht nur wieder in Gang setzte, sondern sie sogar erweiterte, tauchten viele neue Wodkasorten auf. Sehr populär wurden »Subrowka« (»Büffelwodka«), »Pschenitschnaja« (»Weizenwodka«), »Chrennaja nastoika« (»Meerrettichwodka«), »Gorkaja«, (»Bitterwodka«).

Im Zweiten Weltkrieg wurde die alte Tradition, mit Wodka eine Neuerwerbung zu bespülen, fortgesetzt. Wenn der Soldat also eine Medaille bekam, steckte er sie nicht gleich an die Brust, sondern legte sie zuerst in ein Glas mit Wodka, trank das Glas leer, und erst dann befestigte er die Medaille an der Uniform. Das sollte Glück bringen.

In Friedenszeiten werden neue Autos bespült, eine neue Wohnung, neue Möbel usw. Das heißt, man gießt ein paar Tropfen Wodka auf das Auto und trinkt den Rest aus.

Seit Ende der fünfziger Jahre wurde es zur Tradition, Wodka zu dritt zu trinken. Das kam so: Da der Russe normalerweise einen Rubel am Tag zum Essen zur Verfügung hatte, eine Flasche Wodka aber drei Rubel kostete, fanden sich immer drei Menschen zusammen, um eine Flasche kaufen zu können, die sie dann gemeinsam austrinken wollten. Da aber begann die schwierigste Etappe – die Flasche gerecht, genau in drei Teile aufzuteilen. Wer diese Meisterschaft beherrschte, war ein geachteter Mann. Eine Flasche hatte beispielsweise 21 Bul. Bul ist das Geräusch, mit dem der Wodka aus dem Flaschenhals blubbert. Das heißt, jeder bekam 7 Bul.

Als Gorbatschow an die Macht kam, begann der Kampf gegen den Alkoholismus. Die meisten Alkoholbetriebe wurden geschlossen. Es entstand ein großes Defizit – Wodka war Mangelware. Er wurde auf Bezugsmarken ausgegeben: ein Liter im Monat pro Person. Typisch für diese Zeit waren riesenlange Schlangen vor den Schnapsläden. Der Selbstgebrannte feierte wieder Einzug. Wodka wurde aus allem gebrannt, nicht nur aus Getreide. Aus Obst, aus Beeren, aus Kompott. Es gab unendlich viele Möglichkeiten. Aber es wurde auch ungereinigter medizinischer Alkohol getrunken, der zu Vergiftungen führte. Manch einer wurde blind oder starb gar.

Unter der Regierung von Jelzin wurde 1992 das staatliche Wodkamonopol beseitigt. Auf dem russischen Markt tauchte importierter Wodka auf. Viele Wodkasorten wurden nachgemacht, mit dem Ergebnis, dass die Qualität sehr schlecht war. Der Wodka »Royal« zum Beispiel wurde aus technischem Alkohol hergestellt und war nicht zu genießen.

Der Schriftsteller John Steinbeck, der in Moskau weilte, begriff nicht gleich, was die drei Finger bedeuteten, die ihm zwei Männer auf der Straße zeigten. Aber schließlich trank er mit ihnen »zu dritt« in einem Haustor, und es heißt, dass er es nicht bereute.

Als Jelzin 1993 bewusst wurde, dass er einen großen Fehler begangen hatte, nahm er den Befehl wieder zurück. Für die Ökonomie des russischen Staates hatte der Ukas verheerende Folgen. So existiert zwar bis heute ein staatliches Monopol auf die Wodkaherstellung, aber trotzdem wird Wodka auch privat verkauft und bringt den Händlern riesige Gewinne, die dem Staat fehlen.

WODKASORTEN AUS DEN FÜNFZIGER JAHREN DES 20. JAHRHUNDERTS

»Kubanskaja«, »Moskowskaja Osobennaja Wodka«, »Stolitschnaja«, »Wodka Extra«, »Jubilejnaja«, »Russkaja«, »Staraja Russkaja – kurz »Starka«, »Staraja Moskowskaja«, »Perzowka«, »Limonnaja«.

NEUE WODKASORTEN AUS DER JELZIN-ZEIT

»Tolstoi« (mit Kirschgeschmack), »Demidow«, »Jelzin«, »Rasputin«, »Samowar«.

WODKASORTEN VON HEUTE

Für die Herren: »Pskowskaja Kollekzija« (»Pskower Kollektion«),
»Kristall«, »Karat«, »Puschkin«, »Flakman«, »LDPR« (»Liberal-
demokratische Partei Russlands«) – dieser Wodka wurde zu
Ehren Shirinowskis kreiert, »Wodka Kusmitsch« – nach dem
Film »Osobennosti nationalnoi ochoty«), »Sneshnaja korol-
jewa« (»Schneekönigin«), »Elitnaja«, »Diwa«, »Stolitschnaja«
(»Hauptstädtischer«), »Matrjoschka« (mit Moos-
beeren und Honig) – ein beliebtes Mitbringsel
aus Russland, »Russki Standart«, »Imperia«,
»Tschaikowski«, »Shurawli« (»Kraniche«), »Kedro-
waja« (»Zedernwodka«), »Tajoshnaja doroga« (»Taigaweg«) –
ein Kräuterwodka.

Trinkst du, stirbst du.
Trinkst du nicht,
stirbst du auch.

   Für die Damen: »Belaja pantera« (»Weißer Panther«),
»7 futow« (»Sieben Fuß«).

Unser Gelage in Koljas Kabuff trat in die nächste Phase ein. Die Themen waren unerschöpflich.

Borja: »Ich will euch mal was Konkretes erzählen. In Russland gibt es einen populären Spruch: Pelmeni ohne Wodka essen nur die Hunde.«

Kolja: »Wo hast du den denn her?«

Borja ließ sich nicht aus der Fassung bringen: »Hört weiter, Brüder. Ich habe lange in Sibirien gelebt, im Altai. Die sibirische Sakuska unterscheidet sich enorm von der normalen russischen Sakuska. Nirgendwo anders zum Beispiel gibt es gesalzene Melone.«

Kolja: »Jetzt behauptest du noch, dass es in Sibirien Melonen gibt!«

Borja: »Na, hör mal! Klar wachsen in Sibirien Melonen. Der Altai liegt doch im Südwesten. Gleich neben Kasachstan. Der Sommer ist heiß und trocken. Der Winter eiskalt und sonnig. Und es gibt so viel Schnee, dass die Nachbarn sich gegenseitig ausbuddeln müssen. Der eine klettert durch den Schornstein raus und gräbt die anderen aus. So war es jedenfalls damals. Wenn man im Winter aus dem Fenster guckte, sah man nichts als Schnee. Die Tür ging nicht auf vor lauter Schnee! Also, bei uns in Sibirien wuchsen Melonen, die hießen »Muraschiki«. Die waren riesig, und die Schale war ganz dünn, das Fleisch rot und die Kerne schwarz. Wegen der dünnen Schale konnte man diese Melonen einsalzen. Sie wurden in Fässer gelegt, neben das Sauerkraut und die Gurken. Und das alles musste ein halbes Jahr reifen. Neben dem Haus gab es einen Erdkeller, der mit einer Luke verschlossen wurde, dort standen die Fässer. Den ganzen Winter über. Die

Temperatur im Keller sank nie unter null. Gegen Ende des Winters oder im frühen Frühjahr wurde alles ausgegraben und verschmaust.

Kolja: »Interessant, gesalzene Melone habe ich noch nie probiert.«

Borja: »Ich kenne nichts, was besser schmeckt.«

Kolja: »Und was habt ihr dazu getrunken?«

Borja: »Wodka natürlich! Wodka und Selbstgebrannten.«

Ich interessierte mich dafür, wie sie in Sibirien Selbstgebrannten herstellen.

Borja: »Ganz einfach. Denn in dem Gebiet, in dem ich damals lebte, wurden Zuckerrüben angebaut. Zuckerrüben eignen sich ja hervorragend für Selbstgebrannten. An die Herstellung kann ich mich nicht mehr genau erinnern, ich habe das immer nur beobachtet und nie selbst mitgemacht. Aber unser Selbstgebrannter war rein wie eine Träne.

Hier in Moskau habe ich manchmal trübes Gesöff getrunken. Das habe ich dort nie gesehen. Ein Freund, echter Sibirier natürlich, hat Wodka gebrannt. Und ihn probiert. Die ersten Tropfen waren immer die hochprozentigsten. Er hat ein brennendes Streichholz rangehalten, und wenn die Tropfen brannten, hieß es, der Prozess hat begonnen. Wenn das Streichholz nicht mehr brannte, war der Prozess beendet. Was dann noch heraustropfte, wurde nicht mehr in Flaschen gefüllt. Das kriegen die Ferkel, hieß es immer.«

Wir kamen auf die Pilze zu sprechen, die ein wichtiger Bestandteil der russischen Sakuska sind. Borja brachte natürlich wieder seine sibirischen Weisheiten an. Immer wenn er von den sibirischen Speisen erzählte, lief mir das Wasser im Mund zusammen. Er pries einen ganz besonderen Pilz.

Borja: »Grusd heißt er, Milchpilz, und es gibt ihn nur in Sibirien. Er wächst unter der Erde, wie Trüffel. Er kommt kaum aus der Erde, nur die Kappe ist ein bisschen zu sehen. Es gibt noch den weißen trockenen Grusd, der kommt häufiger vor. Aber den grauen Grusd gibt es nur im Altai.«

Kolja: »Ich kenne noch einen schwarzen Milchpilz …«

Borja: »Nein, mein lieber Kolja, den gibt es nicht. Nur noch den rohen Milchpilz, der ist ganz lappig und wächst noch tiefer in der Erde. Er ist feucht und weiß wie Zucker. Man kann ihn nur schwer finden. Hat man die Kappe von einem erahnt, muss man im Umkreis graben. Da erwacht im Menschen ein besonderer Instinkt, von dem er vorher selbst noch nichts wusste. Und dieses schleimige Wunderwerk der Natur wird im rohen Zustand eingelegt, in Eimern. Wenn der Pilz dann reif ist, wird er mit saurer Sahne gegessen. Und dazu Wodka! Das ist ein richtiger Feiertag.«

★ SAKUSKA ★

Die einfachste und wohl am meisten verbreitete Beilage zum Wodka ist Folgende: Zwei Männer sitzen in der Elektritschka, um etwa von Moskau nach Peredelkino, einem Vorort, zu fahren. Kaum ruckt der Zug an, holen sie aus der Aktentasche eine Flasche Wodka und zwei Gläser, schenken ein und kippen das Wässerchen hinunter. Der eine zieht aus der Jackentasche eine Zitrone, und beide beißen nacheinander herzhaft hinein. Dieses Bild konnte man vor 50 Jahren sehen und sieht es heute noch. Russland hat sich geändert, die Menschen haben sich geändert, das System hat sich geändert, aber die einfachste Weise, Wodka zu trinken, ist dieselbe geblieben.

Es gibt natürlich feinere Speisen: Gesalzene Gurken, heiße Kartoffeln, Butter, Speck, Sauerkraut, Salat aus Roter Beete. Dunkles Brot – daran muss man gerochen haben. Gesalzener Fisch, geräucherter Fisch, Kaviar.

VERSCHIEDENE SAKUSKAS

Sakuskas aus Fleisch

1. Gesalzener Schweinespeck
2. Schinken
3. Rindfleischsülze
4. Schweinesülze
5. Ferkel in Sülze
6. Schweinekopf in Sülze
7. Gekochte Schweine- oder Rinderzunge
8. Kalbfleisch in Sülze
9. Gepökeltes Rindfleisch

Außer Wodka reicht man zu diesen Sakuskas unbedingt noch Meerrettich und Senf.

Sakuskas aus Fisch

1. Hering in Sonnenblumenöl mit junger Zwiebel
2. Schwarzer Kaviar oder Roter Kaviar, je nach Geschmack
3. Gesalzener Störrücken
4. Geräucherter Salm
5. Gesalzener sibirischer Lachs
6. Gesalzener Buckellachs
7. Geräucherter Buckellachs
8. Geräucherter Hering aus Astrachan
9. Omul aus dem Baikalsee
10. Stör in Sülze
11. Zander in Sülze
12. Sprotten

Sakuskas aus Gemüse

1. Gesalzene Gurken
2. Sauerkraut
3. In Salzlake eingelegte Äpfel
4. In Salzlake eingelegte Melone
5. In Salzlake eingelegte Tomaten
6. Durch den Fleischwolf gedrehte und in Salzlake eingelegte Auberginen
7. In Salz eingelegte Pilze, am besten selbst gesammelte
8. Sauer eingelegte Pilze
9. Gekochte Kartoffeln (zu gesalzenem Hering)

Das letzte Gericht, Salzhering mit gekochten Kartoffeln und Butter, essen meine Freunde am liebsten. Immer wenn ich zu ihnen nach Hause komme, kochen schon die Kartoffeln im Topf, auf den Tellern liegt bereits der Hering und eine Flasche eisgekühlter Wodka steht auf dem Tisch. Zu besonderen Feiertagen wird noch ein Glas mit marinierten Pilzen geöffnet. Da läuft einem das Wasser im Munde zusammen. Eigentlich läuft es bei mir immer schon zusammen, wenn ich aus dem Fahrstuhl steige und den Geruch der kochenden Kartoffeln wahrnehme. Das ist der Pawlowsche Reflex.

DER RICHTIGE GEBRAUCH VON WODKA

Vor allem der »Moskowskaja Osobennaja« ist ein wichtiger Begleiter russischer Nationalgerichte. Er passt hervorragend zu fetten Fleischspeisen oder Fleisch-Mehlspeisen und zu salzigen oder scharfen Fischgerichten: zu gekochtem Rindfleisch, zu gebratenem Ferkel, zu Hammelfleisch mit Zwiebeln, zu Plinsen mit Butter, saurer Sahne, Kaviar oder Stör, zu Pelmeni und zu Soljanka.

Zu russischem Lachs oder Kabeljau sollte man wenigstens einen Tropfen Wodka trinken, auch wenn man sonst keinen Alkohol zu sich nimmt, weil das Gericht sonst nicht seinen ganzen Wohlgeschmack entfalten kann. Auch »wäscht« der Wodka das Fett weg.

Wenn man Wodka trinkt, sollte man nur russische Sakuska dazu essen. Die Sakuska entwickelte sich im 18. Jahrhundert, als das Brennen des Wodkas zu Hause seinen Höhepunkt erreichte. Die Sakuska hing dabei immer von der Wodkasorte ab, von der Art der Reinigung und der Aromatisierung. Die beiden Wörter Wodka und Sakuska sind seitdem unzertrennlich.

In der Zeit des frühen Kapitalismus verarmte bzw. verschwand die Sakuska-Tradition in den unteren Schichten der Gesellschaft. Leider. Es siegte das nackte, kulturlose Trinken. Der Wodka bekam einen bitteren Beigeschmack, er wurde einfach gesoffen und hörte auf, ein kulturvolles

Getränk zu sein. Diese schlechte, verheerende Tradition überlebte auch die sowjetische Zeit. Es gibt sie bis heute.

Deshalb ist es eine Freude, wenn ein Freund zu dir sagt: »Zur Feier des Tages holen wir eine Flasche ›Moskowskaja‹, an der eine Träne herunterläuft, aus dem Tiefkühlfach und trinken sie auf unser Wohl. Dazu essen wir köstliche russische Speisen wie Pelmeni oder Hering mit Kartoffeln.«

Hier hat die alte Tradition überlebt. Hier ist der Wodka ein echter Gott!

★ BORJA, KOLJA UND ICH ★
MONTAG, 13. OKTOBER 2008, 19.30 UHR

Wir hatten uns so ins Gespräch vertieft, dass wir gar nicht merkten, dass unsere Gläser schon mehrere Minuten leer waren. Das musste schnell geändert werden. Borja goss nach – er frischte auf.

Ich erzählte von einem Freund, der in einer Schnapsfabrik beschäftigt war. Die Arbeiter durften einmal in der Woche einen halben Liter mitnehmen. Und dieser halbe Liter ließ sich sehr gut durch drei teilen. Also fanden sich immer drei Leute zusammen, die gleich nach der Arbeit tranken. Das war das Größte, ein Gefühl der Freiheit. Wenn sie dann nach Hause kamen, taten ihnen die Frauen in der Küche Suppe *wieder zu Hause.«*

»Wo arbeitet dein Mann?« – »Schon den dritten Monat in der Schnapsfabrik.« »Und? Gefällt es ihm?« – »Keine Ahnung! Er war seitdem noch nicht wieder zu Hause.«

auf, und sie wurden wieder nüchtern. Nun waren sie zwar satt, aber mit der Freiheit war es vorbei.

Kolja: »Mit der Freiheit ist es wie in den englischen Filmen: Die Leute gehen nach der Arbeit in einen Pub, trinken Bier und fühlen sich frei.«

Borja: »Offenbar ist das ein internationales Ritual, dass man sich nach der Arbeit eine Auszeit gönnt.«

Kolja zog plötzlich die Stirn in Falten: »Wisst ihr, Brüder, es ist gar nicht so einfach, aus einer Halbliterflasche allen dreien gerecht einzuschenken. Ich war dafür berühmt, dass ich das genau einteilen konnte. Schon in der Schule hat mir das großen Respekt verschafft.«

Borja: »Schon in der Schule? Da warst du ja ein wichtiger Mann! Hattet ihr denn immer Gläser dabei?«

Kolja: »Ihr kennt doch die Getränkeautomaten mit Sprudel auf der Straße zu sowjetischen Zeiten, Brüder. Da standen immer Gläser rum. Am Kiewer Bahnhof gab es mehrere davon. Und daneben war gleich unsere Schule. Und nun kannst du dir vorstellen, dass bei diesen Automaten vom Kiewer Bahnhof immer die Gläser fehlten.«

Borja: »Und wie hast du die Halbliterflasche durch drei geteilt?«

Kolja: »Ich habe das am Gluckern gemerkt, wie man den Wodka teilt. So haben wir uns schon als Kinder auf das Wodkaleben vorbereitet.«

Borja erinnerte sich an unser Studentenleben: »Wisst ihr noch, was in den Wohnheimen los war? Nie im Leben hat man sich wieder so frei gefühlt wie dort. Fast in jedem Zimmer wurde getrunken und gesungen, sogar in den Mädchenzimmern. Könnt ihr euch noch an Tante Dusja erinnern, die Pförtnerin? Die hat immer ein Auge zugedrückt, wenn wir uns mit einer Flasche an der Pförtnerloge vorbeigeschlichen haben.«

Natürlich konnten Kolja und ich uns an Tante Dusja erinnern. Als ich neulich mal wieder dort vorbeiging, erfuhr ich, dass sie vor einigen Jahren gestorben ist, die gute Seele. Sie war wie eine Mutter zu uns. Was die Arme mit uns durchgemacht hat! Einmal ist jemand im betrunkenen Zustand aus dem vierten Stock ins Treppenhaus gefallen. Von den vielen Gedanken war sein Kopf so schwer, dass er das Gleichgewicht verlor, als er sich übers Geländer beugte. Doch als er unten ankam, stand er auf, als ob nichts gewesen wäre, und ging wieder nach oben. Als man ihm allerdings am nächsten Tag erzählte, was passiert war, wurde ihm ganz schlecht, und Tante Dusja musste den Krankenwagen rufen.

Kolja: »Im Studentenheim war es immer ganz leicht, eine Truppe zum Trinken zusammenzurufen. Allein mit einer Flasche dazusitzen ist das Letzte. Ich zum Beispiel, ich bin noch nie auf den Gedanken gekommen, allein Wodka zu trinken.«

Kolja ist eben nie allein. Immer sind irgendwelche Saufkumpanen bei ihm. Dabei ist Kolja ein wunderbarer Arbeiter. Besser als er kennt sich niemand in alten Filmen aus. Und er erscheint jeden Morgen frisch wie ein Gürkchen im Insti- *Wo Schnaps ist, ist auch Leid.* tut. Wenn also jemand auf den Gedanken kommt, dass der Wodka am Arbeiten hindert, irrt er sich.

Kolja: »Wodka – das bedeutet soziale Beziehungen mit verschiedenen Ritualen. Allein Wodka zu trinken – das machen nur Alkoholiker und Obdachlose. Alle, die sich außerhalb der Gesellschaft befinden.«

Borja: »Na, hör mal, Kolja. Dann bin ich wohl ein Obdachloser?«

Und ich auch, dachte ich bei mir.

Kolja: »Ach, mein Borja! Ach, mein Wanja! Es gibt so viele verschiedene Menschen. Aber die Wodkatrinker brauchen grundsätzlich Gesellschaft. Dieser Kollektivgeist, der Russland von der westlichen Welt unterscheidet, ist immer mit Wodka verbunden. In Gesellschaft Wodka zu trinken, das ist bei uns ein Merkmal des Kollektivgeistes. Einer, der allein trinkt, entfernt sich von der Gesellschaft und wird schief angesehen.«

Aber trinken muss der Mensch. Und wenn keiner in der Nähe ist, was soll er machen? Als ich noch in der Akademie der Wissenschaften gearbeitet habe, ging ein Gerücht bei uns um. Ein Mitarbeiter der Personalabteilung soll gesagt haben: Ein Mensch, der nicht trinkt, hat böse Absichten. Er könnte ja ein Spion sein. Damit bin ich völlig einverstanden. Wenn alle zusammensitzen und einer trinkt nicht, ist das schrecklich.

Als »Spion« bezeichnen wir Russen ja auch einen Nüchternen unter Betrunkenen. Einer meiner Lieblingssprüche von Karl Marx lautet: Von einem Menschen, der nie Alkohol getrunken hat, ist nichts zu erwarten. Das steht in der Marx-Engels-Gesamtausgabe.

☆ DAS WODKA-ALPHABET ☆

A

Agonie Zustand eines sehr betrunkenen Menschen

Agrochemiker Samogon-Brenner

Akademiker Säufer

Akklimatisierung Der Moment, wenn der zum Trinkgelage Zuspätkommende das »Strafglas« leert

Aktivist Mensch, der gern bereit ist, in den Laden zum Schnapsholen zu gehen

Altruist Mensch, der den letzten Tropfen Schnaps nicht in sein Glas gießt, sondern in das seines Nebenmanns

Amoralka Trinken am Arbeitsplatz während der Arbeitszeit

Ampulle Flasche mit Schnaps

Apotheose Endszene beim Trinkgelage, wenn der Gastgeber die letzte Flasche aus seinem »Eisernen Bestand« auf den Tisch stellt

Asket Mensch, der nur zu Feiertagen Alkohol kauft

Auferstehung Das Gefühl, das man hat, wenn man nach einem Rausch das erste Glas Schnaps trinkt

Auge. Seine Augen sind enger als bei einem Chinesen Zustand starker Trunkenheit

Autorität Derjenige, der am meisten trinkt und nicht betrunken wird

Aquarium Glas, aus dem Schnaps getrunken wird

....
B
....

Babka-Schapka Frau, die Wodka ins Haus liefert

Bagage Tasche mit leeren Flaschen zum Abgeben

Ballon 1. Säufer; 2. Flasche Wodka

Balsam Gurkenlake, die man am nächsten Morgen zum Nüchternwerden trinkt

Hunger und Kälte ebnen den Weg in die Kneipe.

Bankier Mensch, der den Schnaps in die Gläser gießt

Baron Mensch, der einst gut lebte, aber wegen seiner Liebe zum Alkohol heruntergekommen ist

Bartholomäus-Nacht Saufgelage mit Mord und Totschlag

Billett, gläsernes Flasche Schnaps, die man dem Piloten als Bezahlung für den Flug gibt

Bordelliero Trunkene Orgie

Breshnjew-Syndrom Neigung des Hausherren, Gäste männlichen Geschlechts vor dem Trinkgelage auf den Mund zu küssen

Brot, flüssiges Schnaps

Bruder Mitsäufer

Bumerang Flasche, die von Hand zu Hand geht, wenn zwei oder drei Männer zusammen trinken

....
C
....

Chaos Saufgelage

Chroniker Quartalssäufer

......
D
......

Diät. Auf Diät sein Nicht von früh an trinken

Dispatcher Mensch, der Schnaps ausschenkt

Dreieck, blaues Drei Menschen, die regelmäßig zusammen trinken

Dritteln Zu dritt eine Flasche trinken

......
E
......

Elektrizitätswerk Medizinische Ausnüchterungszelle

Elixier Beliebiges alkoholisches Getränk

Essig 1. Lack, der aus Alkohol gewonnen wird; 2. saurer Wein

Eurodollar Flasche Wodka, die sowjetische Touristen zum Tausch gegen Valuta beim Besuch eines europäischen Landes mitnahmen

Expedient Derjenige, der beim Kauf von Alkohol das Geld in der Tasche hat

......
F
......

Fallschirmspringen Allmähliches Beenden des Quartalsaufens

Festival Fete mit Alkohol

Feuerlöscher Einliterflasche mit Schnaps

Freundchen Flasche Wodka

Freundin Flasche Wodka

Frieren Ohne Schnaps sitzen, wenn man Brand hat

Frosch Ältere Säuferin

......
G
......

Gas-Orkan Stürmische Handlungen im Zustand eines Rausches

Gasolin Samogon

Gehirn. Das Gehirn trocknen Nach einem Saufgelage ausschlafen

Geisha Mitsäuferin

Gesundheit. Der Gesundheit nützen Trinken

Gleis Kneipe an einer Straßenbahn- oder Eisenbahnhaltestelle

Grund. Auf Grund sinken Nach einem kräftigen Saufgelage einschlafen

Gürkchen. Wie ein Gürkchen sein Nüchtern sein

H

Horizontaler Betrunkener

Hotel Medizinische Ausnüchterungszelle

I

Illumination Schwarze Ringe unter den Augen nach einem Saufgelage

Inventar Glas zum Schnapstrinken

Investor Vater, der seinem Sohn Geld zum Trinken gibt

J

Juris Morgenröte Billiger Wodka, der unter dem Generalsekretär Juri Andropow in die Läden kam

Kapellmeister Mensch, der geschickt und gerecht Schnaps in die Gläser füllt

Kapitän Mann, der dem Saufgelage vorsteht

Kerosin Schnaps

Kloschüssel. Eine Kloschüssel umarmen Erbrechen nach einem Saufgelage

Koma Starke Trunkenheit

Kompott Getränk mit wenig Alkohol

Kuss Mischung aus Rotwein und Wodka

Leber, Die Leber hat sich in ihre einzelnen Atome aufgelöst Zustand nach dem Saufen

Leiche Leere Schnapsflasche

Limonade Samogon

Loch Bezeichnung populärer Kellerkneipen in Moskau

Lokomotive Flasche Eau de Cologne: Wodkaersatz während des Alkoholverbots unter Michail Gorbatschow

Madam Alkoholikerin

Makulatur Leere Schnapsflaschen

Manuskript Samogon

Masut Cocktail aus Wodka und Coca-Cola

Mausoleum Schnapsladen, vor dem (zu sowjetischen Zeiten) eine lange Schlange stand

Mayonnaise Mayonnaisegläser, die man zum Trinken von Schnaps verwendet.

Medizin Schnaps

Mineralsekretär Generalsekretär der KPdSU Michail Gorbatschow (1985 – 91), der den Alkohol durch Mineralwasser ersetzen wollte

Narkose Zustand der Trunkenheit

Null Mensch im Zustand starker Trunkenheit

Orkan Starke Trunkenheit

Partisan Nüchterner unter Trinkern

Passierschein Der Wodka, den man zu einer Fete mitbringt

Patrone Flasche mit Wodka

Pfütze 1. Kneipe; 2. Schlechter Samogon

Pionier Mensch, der zum ersten Mal Schnaps trinkt

Polka Polnischer Wodka

Porzellan Leere Wodkaflaschen

Pumpe Säufer, Alkoholiker

Quader Hübsche Wodkaflasche

Qualle Schlechter selbstgebrannter Wodka, der wie eine Feuerqualle brennt

Rachat-Lukum 1. Mischung aus Kaffee und Wodka; 2. Melone, in die Wodka gespritzt wurde

Raïska Flasche Wodka – 0,33 l –, benannt nach der Gattin von Michail Gorbatschow – Raïssa Maximowna. Stammt aus der Zeit, als Wodka in kleinen Fläschchen in die Läden kam

Reanimation Populäre Kellerkneipe in Moskau

Reh Betrunkenes Mädchen

Restaurant, grünes Trinken in der Natur

Saison, tote Die Zeit, in der man keinen Alkohol kaufen kann

Samowar Großes Gefäß mit Samogon

Schanghai Kneipe neben der chinesischen Botschaft in Moskau

Schild Mitsäufer, den man als Verteidigung mit nach Hause bringt

Schlange, grüne Schnaps

Seelenmörder Säufer

Seelenwärmer Wodka

Shampoo Champagner

Spion Nüchterner unter Betrunkenen

Strafglas Glas, das der zu einem Trinkgelage Zuspätgekommene leeren muss

Sponsor 1. Mensch, der das Trinkgelage finanziert;

2. Mensch, der die fehlende Geldsumme zum Kauf einer Wodkaflasche beisteuert

Tantchen Flasche mit Schnaps

Tau Was man trinkt, um den Katzenjammer nach einem Saufgelage zu beseitigen

Therapeut Laden, in dem Alkohol verkauft wird

Todestag von Anna Karenina Bezeichnung eines »Feiertags«, der als Vorwand zum Trinken dient

Torpedo Ampulle mit Esperal, einem Präparat gegen Alkoholismus, das beim Trinken unangenehme Gefühle auslöst

Traktor Medizinischer Spiritus

Überlebenselixier Wodka

....
V
....

Vakuum Ein Trinkender unter Nüchternen
Vitamin Wodka

....
W
....

Waggon Flasche Schnaps
Wasser Wodka
Wasser, verrücktes Samogon
Wässerchen, in dem kein Fisch schwimmt Wodka
Wassersucht Alkoholismus

Wodka. Der Wodka wird kalt Aufruf, sich so schnell wie möglich an den Tisch zu setzen, auf dem eine Flasche Schnaps steht

Wodkatourist Tourist aus Finnland, der am Wochenende nach Leningrad/Petersburg kommt, um riesige Mengen Schnaps zu trinken

X

Xanthippe Ehefrau, die ihren Gatten am Wodkatrinken hindern will

Y

Youngster Einer, der zum ersten Mal einen Wodkarausch hat

Z

Zarenwodka Wodka, gemischt mit Salzsäure

Zisterne Mensch, der viel trinkt

Zoo Betrunkene Gesellschaft

★ TEE KONTRA WODKA ★

Während des Bürgerkriegs verfügte die erste sowjetische Regierung, trotz der schweren Versorgungslage, über einen großen Vorrat an chinesischem Tee, den sie bei den mächtigen Handelsfirmen in Moskau, Petersburg, Odessa und Nishni Nowgorod konfisziert hatte. In den Jahren 1919/20 füllte sie diesen Vorrat mit Tee aus den gigantischen Lagern im Ural (Perm, Jekaterinburg, Irbit, Orenburg) auf, die die Rote Armee von den Weißen erobert hatte. So konnten Armee, Flotte und Industriearbeiter kostenlos mit Tee versorgt werden.

Vor der Revolution wurde Tee nur in vornehmeren Kreisen getrunken, und zwar als besonderes Dessert oder bei der abendlichen Teezeremonie, wenn die Familie gemütlich beisammensaß. Für einfache Menschen war dieses Getränk bis dahin Luxus gewesen. Zu Zeiten des Bürgerkriegs allerdings wurde es zur Gewohnheit, den ganzen Tag Tee zu trinken, egal was es zu essen gab. Tee wurde auch zu herzhaften Speisen gereicht.

Als das Teetrinken in den zwanziger Jahren zur Massenerscheinung wurde, verschwand der Wodka fast völlig. Eine britische Gewerkschaftsdelegation, die Russland von November bis Dezember 1924 besuchte, drückte ihr Erstaunen darüber aus, dass sie kaum Betrunkene auf den Straßen entdecken konnte, ganz anders, als man es im Zarenrussland kannte.

★ WARUM SICH DIE RUSSEN ★
AN DEN HALS SCHNIPSEN

Wenn die Russen jemanden zum Trinken einladen oder sagen wollen, dass einer schon betrunken ist, schnipsen sie sich an den Hals.

Die Geste geht auf folgende Geschichte zurück: Unter dem Zaren Nikolaus I. brach in St. Petersburg der Wind einen Flügel des Engels auf der hohen Spitze der Peter-Pauls-Festung ab. Nun wurde ein Mann gesucht, der es wagte, hinaufzusteigen und *Kommt der Schnaps, geht die Scham.* den Engelsflügel wieder zu befestigen. Lange konnte man keinen Mutigen finden, aber schließlich meldete sich einer – Pjotr Tewuschkin. Er kletterte auf die hohe Spitze und reparierte den Flügel.

Der Zar war sehr glücklich und versprach Pjotr, ihm jeden Wunsch zu erfüllen. Da wünschte sich Pjotr, dass er in jeder x-beliebigen Kneipe der Stadt kostenlos seine »Sto Gramm« Wodka trinken konnte. Und zwar sein ganzes Leben lang. Nikolai I. willigte ein und gab dem tapferen Mann eine Urkunde mit Zarenstempel. Pjotr ging von nun an in eine beliebige Kneipe, zeigte den Stempel vor und bekam seinen Wodka.

Eines Tages aber verlor er die Urkunde. In seiner Not ging er wieder zum Zaren und bat ihn um eine zweite Urkunde. Nikolai wurde zwar zornig, erfüllte aber Pjotrs Bitte. Damit Pjotr jedoch den Zarenstempel nicht wieder verlor, setzte er ihn dem Mann gleich auf die Kehle, wie ein Zeichen. Wenn Pjotr nun in eine Kneipe kam, brauchte er nur den Kragen herunterzuschlagen, sich an die Kehle zu schnipsen und zu sagen: »Ich krieg den Wodka umsonst!«

★ BORJA, KOLJA UND ICH ★
MONTAG, 13. OKTOBER 2008, 20.30 UHR

»Pojechali!«, rief Kolja. »Fahren wir los!«

Das ist unser häufigster Toast. Ohne Trinkspruch geht es nicht. Einfach so das Glas hinterkippen ist kulturlos. Und was für unterschiedliche Toaste es gibt! Da ist die Fantasie jedes Einzelnen gefragt, es gibt keine Grenzen. Alles kann ein Trinkspruch sein. Das hängt immer von der Situation ab. Als wir jung waren, haben wir, anstatt einen Toast auszubringen, oft einen Witz gerissen. Jetzt, im Kapitalismus, haben wir nicht mehr so viel zu lachen, und auch die Toaste haben sich verändert.

Warum sind die russischen Trinksprüche so kurz? Damit mehr Zeit zum Trinken bleibt.

Borja: »Meist wird auf die Gesundheit getrunken – Sa sdorowje. Gestern wie heute, das ist gleich geblieben.«

»Dann trinkt man noch auf die Anwesenden. Vor allem, wenn jemand im Mittelpunkt steht, wie zum Geburtstag.«

Borja: »Und man gedenkt unbedingt der Toten.«

Kolja: »Weil es unanständig ist, ohne Anlass zu trinken, denken sich die Leute immer einen Grund aus: die Gesundheit, das Wetter, die Politik, die Kinder, die Vorfahren, die Chefs, eine Lohnerhöhung, der Lohntag.«

In Russland ist der Trinkspruch immer direkt gewesen. Im Kaukasus dagegen ist er viel förmlicher. Manchmal denken sie sich im Süden sogar eine riesenlange Fabel aus. Da kann man verrückt werden, wenn man mit dem Glas in der Hand so lange warten muss. Da hat man es in Russland besser.

Kolja fiel ein Witz ein: »Ein Russe gerät auf eine armenische Hochzeit. In Armenien halten die Leute lange, lange Reden vor dem Trinken. So auch diesmal: Ein Armenier hält also eine lange Rede und sagt dann: ›Chmy!‹, das heißt ›Trinken wir!‹. Da meint ein anderer Armenier: ›Spasen!‹ – ›Wartet!‹ Auch er hält eine lange Ansprache. Der Russe ist bereits am Verdursten. Schließlich beendet auch der zweite Armenier seinen Toast und sagt: ›Chmy!‹ – ›Trinken wir!‹ Da steht der dritte Armenier auf und ruft: ›Spasen!‹ – ›Wartet!‹ Wieder dieses lange Gerede. Der Russe hält es kaum noch aus. Als der vierte Armenier aufsteht und loslegen will, springt der Russe auf und ruft: ›Spasen! Chmy!‹«

Du kannst trinken so viel du willst, du wirst trotzdem wieder nüchtern.

Borja: »Mir fallen die einfachsten Toaste ein: ›Auf die Liebe!‹, ›Auf die Kunst!‹«

Kolja: »›Auf die Völkerfreundschaft!‹ Wir trinken, worauf wir wollen. Was uns gerade in den Kopf kommt, darauf trinken wir.«

Borja: »Zu Zeiten Peters des Großen hat man nicht gesagt: ›Lasst uns trinken!‹, sondern ›Lasst uns gesund werden!‹ Also, trinken wir auf unsere Gesundheit.«

Mit diesen Worten frischte Borja die Gläser auf.

☆ RUSSISCHE TRINKSPRÜCHE ☆

Gebt mir was zum Festhalten und ich bringe einen Toast aus.

Wir trinken auf deinen Sarg, den wir aus dem Holz der hundertjährigen Eiche zimmern, die wir heute vor deinem Haus pflanzen.

Unterm Tisch sehn wir uns wieder!

Willst du eine Minute glücklich sein, dann rauche.
Willst du einen Tag glücklich sein, dann trinke.
Willst du eine Woche glücklich sein, dann werde krank.
Willst du einen Monat glücklich sein, dann heirate!
Willst du ein Jahr glücklich sein, dann schaff dir eine
Geliebte an!
Willst du das ganze Leben glücklich sein, dann bleib
gesund, mein Lieber!
Also trinken wir auf das Glück aller Anwesenden –
auf die Gesundheit!

Auf den Erfolg unseres hoffnungslosen Geschäfts!

Stand auf dem Berg ein Ziegenbock. Flog im Himmel ein Adler. Sah der Adler den Ziegenbock, schnappte ihn sich und flog weiter. Stand unten ein Jäger, sah den Adler und schoss auf ihn. Fiel der Adler wie ein Stein zu Boden, der Ziegenbock aber flog weiter.

Trinken wir darauf, dass bei uns die Adler nicht erschossen werden und die Ziegenböcke nicht fliegen.

Trinken wir auf das Haus der Freunde und auf die Freunde des Hauses!

Nein!

★ BORJA, KOLJA UND ICH ★
MONTAG, 13. OKTOBER 2008, 21.00 UHR

Kolja fiel eine Anekdote ein: »Ein Enkel fragt den Großvater: ›Warum trinkst du, Großväterchen? Schmeckt es
dir so gut?‹ – ›Nein, es ist bitter.‹ – ›Geht es dir danach

gut?‹ – ›Nein, schlecht.‹ Der Enkel ist ganz verwirrt: ›Ja warum trinkst du denn dann?!‹ …«

Borja und ich schütteten uns aus vor Lachen. Es kann ja gut möglich sein, dass sich der Großvater nach einem Jahr gut fühlt! Wer weiß?

»Ne, ne, ne, Brüder!«, rief Kolja. »Eine kleine Dosis Wodka, und du fühlst dich in jedem Fall gut. Wie viel Bier müsste man trinken, um diesen Effekt zu erzielen! Nicht umsonst heißt es: Bier ohne Wodka ist rausgeschmissenes Geld. Aber Wodka mit Bier – ein toller Effekt!«

Borja: »Das Gemisch aus Wodka und Bier erhöht den Effekt um ein Vielfaches.«

Ich erinnerte an den Rat der alten Weisen: Wenn man wenig Geld hat, trinkt man einen Schluck Wodka und dazu Bier – die Wirkung ist umwerfend.

Borja erzählte von einem anderen Cocktail – »Polarfeuer«, einer Mischung aus Wodka und Sekt.

Borja: »Das habe ich auf der Hochzeit meiner Schwester getrunken. So betrunken bin ich noch nie gewesen. Ich merkte, dass ich nicht mehr alles mitkriege. So als wäre ich beim Einschlafen.«

Wenn man Kolja und Borja so reden hört, könnte man meinen, in Russland würde nur getrunken. Aber das ist völlig übertrieben.

Borja wurde wieder einmal sentimental: »Mein Leben ist zurzeit nicht einfach, Brüder.«

Als ob es bei ihm jemals anders gewesen sei!

»Ich komme mir manchmal vor wie ein Arbeitsgaul. Ich muss überleben, alles schaffen, versteht ihr, Brüder. Egal wie müde ich bin. Da trinkst du einfach ein Schlückchen, isst was nach, und eine Stunde später trinkst du noch einmal ein Schlückchen, isst was nach und arbeitest weiter. Das hilft ungeheuer.«

Kolja: »Borja, du hast völlig recht. Bei uns zu Hause ist gerade die Hölle los. Meine Frau hat eimerweise Pilze angeschleppt, und wir legen sie jetzt ein. Ich trinke immer nebenbei ein Schlückchen. Dann flutscht die Arbeit nur so.«

Auch ich habe für solche Fälle immer eine Flasche im Kühlschrank stehen. Wenn die Kräfte nachlassen, nimmst du einen Schluck, und weiter geht's.

Kolja: »Soll ich euch mal erzählen, wie die Finnen trinken? Das habe ich selbst erlebt. Sie kommen mit einem Bus in St. Petersburg an. Angeblich machen sie eine Exkursion am Wochenende. Wenn sie im Hotel absteigen, nehmen sie ihr Gepäck, stellen es ins Zimmer, und damit ist die Exkursion beendet. Sie tun keinen Schritt mehr in die Stadt. Von wegen ›schönes Petersburg‹! Sie richten sich im Hotel ein. Aber sie gehen nicht in die teure Bar, sondern ins Geschäft. Denn da gibt's billigen Wodka. Sie kaufen ihn kistenweise, sitzen in ihrem Zimmer und trinken, ohne auch nur einen Schritt vor die Tür zu machen. Ich habe es einmal in einem Hotel in Petersburg miterlebt. Zwei Stunden konnte ich mein Zimmer nicht beziehen, weil noch Finnen drin lagen und keiner sie rausschleppen wollte.

Nach Finnland darf man nicht mehr als einen Liter Harten mitnehmen. Allerdings wissen sich die Finnen zu helfen. Nach zwei Tagen Saufen in Petersburg kaufen sie drei Flaschen Wodka. Zwei Flaschen nehmen sie mit nach Hause, die dritte trinken sie schon an der Grenze aus. Im Körper können sie den Schnaps mitnehmen.«

Borja: »Ich kenne auch eine Finnen-Geschichte. Das war Ende der siebziger Jahre. Ein Finne kommt mit einer Einliterflasche auf den Leningrader Flughafen und will nach Helsinki fliegen. Damals durfte man gar keinen Wodka mitnehmen. Er wird natürlich nicht durchgelassen. Er protestiert: ›Aber der Wodka ist für Freunde.‹ ›Nein‹, lautet die Antwort, ›mit der Flasche dürfen Sie nicht ins Flugzeug. Lassen Sie die Flasche hier.‹ Da öffnet der Finne die Einliterflasche und trinkt sie vor aller Augen, vor den Zoll- und Grenzbeamten, leer. Danach wird er zum Flugzeug geschleppt. Er aber ist zufrieden.«

Auf fremde Kosten trinken sogar ein Nichttrinker und ein Mensch, der an einem Magengeschwür leidet.

Kolja: »So eine ähnliche Geschichte kenne ich auch. Ein Freund von mir diente in der Roten Armee in Ungarn. Er war ein schwerer, starker Mann. Und er hatte einen Freund, der ebenfalls 120 Kilo wog. Eines Tages saßen sie auf einem Bahnhof und warteten auf den Zug. Neben ihnen saß ein alter Ungar und trank Gläschen um Gläschen. Als er hörte, dass die beiden Russisch sprachen, sagte er: ›Hört mal, ich habe gehört, dass die Russen eine ganze Flasche auf einmal austrinken können.‹ Mein Freund: ›Selbstverständlich.‹ ›Wollen wir wetten, dass ihr es nicht schafft?‹, reizte der Ungar die beiden. Sie willigten sofort ein.

Die Bedingungen waren folgendermaßen: Mein Freund sollte eine Flasche trinken, und wenn er in der Lage wäre, auf seinen eigenen Beinen in den Zug zu steigen, dann müsste der Ungarn ihm 60 Forint geben. Wenn er das nicht schaffte, müsste sein Freund dem Ungarn 60 Forint bezahlen.

Die beiden Schlawiner wussten natürlich, dass Schnaps nicht gleich wirkt. Erst als sie den Zug hörten, trank mein

Freund die Flasche Wodka aus, ging zum Wagen, zündete sich eine Zigarette an und sagte: ›Großvater, das Geld!‹ Der Ungar gab ihm die 60 Forint, mein Freund stieg in den Zug und – fiel um. Aber er hatte die Wette gewonnen.«

Borja: »Brüder, ich muss noch einmal dringend wohin. Ich muss Bücher wegbringen. Die verlassen sich auf mich. Ich komme gleich wieder.«

Kolja und ich trieben ihn an, er solle sich beeilen. Nachdem Borja aus der Tür war, bekannte Kolja mit feierlicher Miene: »Das liebe ich an Borja. Er trinkt, aber kennt seine Pflicht. In Russland ruft das Achtung hervor, wenn jemand noch etwas hinkriegt, obwohl er getrunken hat. Ein Mensch, der sich besäuft und nichts macht, wird schief angesehen. Aber einer, der seine Pflicht erfüllt, obwohl er was getrunken hat, vor dem haben alle Respekt.«

»Ich kannte einen, das war mein Nachbar, wenn der anfing zu trinken, konnte er nicht mehr aufhören. Und sein Ende ...« Mit diesen Worten wollte ich eine längere erbauliche Erzählung beginnen. Aber Kolja unterbrach mich: »Wodka ist der Tod. Von Bier stirbt man nicht, von Wodka wohl. Weißt du, Wanjuscha, du hast mich depressiv gemacht. Wir haben so lustig begonnen, und jetzt kommst du mit dem Ende. So ein Weltschmerz. Wir trinken jetzt keinen Schluck mehr. Trinken ist gemein, schädlich, widerlich. Wir ekeln uns davor, wir hassen es und wir beginnen jetzt ein nüchternes Leben. Schluss, keinen Schluck Wodka mehr.«

Drei befreundete Geschäftsleute wollen im Restaurant die Zusammenlegung ihrer Unternehmen begießen. Plötzlich fällt dem einen ein, dass er vergessen hat, seinen Safe im Büro abzuschließen. »Du brauchst keine Angst zu haben«, beruhigt ihn der eine Partner. »Wir sind doch alle hier.« »Also trinken wir auf das gegenseitige Vertrauen!«

Das kam sehr plötzlich. »Wir halten uns im Notfall an das Sprichwort ›Kenne dein Maß‹«, räumte ich ein.

Kolja: »Das ist kein Sprichwort, das ist eine Weisheit. Ich schlage vor, darauf ein winziges Tröpfchen zu trinken.

Darauf, dass das Leben weitergeht, trotz aller gemeinen Zwischenfälle. Normale Menschen wie wir, die nicht übermäßig trinken, können jederzeit aufhören.«

Wie recht Kolja hatte!

★ RUSSISCHER HEXENZAUBER I ★
VON DER HEILWIRKUNG DES WODKAS

Es dürfte nun jedem bekannt sein, dass 50 Gramm Wodka täglich eine reinigende und stimulierende Wirkung haben, also durchaus gesund sind. Die russische Hexenküche kennt dazu noch Heilmixturen aus Wodka. Da ich nur einige Rezepte wusste, habe ich bei erfahrenen Frauen und Männern nachgefragt, denen noch jahrhundertealte Traditionen vertraut sind.

Der Kreislauf des Wassers in der Natur garantiert: Alles, was wir trinken, wurde schon einmal getrunken.

Im Russischen heißt Hexe »ведьма«, »Wedma« – »die Wissende«. Im Volk spielen diese wissenden Frauen und Männer eine große Rolle. Die Heilwirkung des Wodkas nennt man auch den »Russischen Hexenzauber«.

AUSZÜGE AUS HEILKRÄUTERN

Wodka eignet sich hervorragend als Grundlage für Auszüge aus Heilkräutern. Er verstärkt die Heilwirkung und ist effektiver als Tee und wässrige oder ölige Auszüge.

Wodkaauszüge kann man sehr leicht zu Hause herstellen. Als Rohstoff dienen Kräuter, Blüten, Wurzeln, Beeren, Blätter usw. – in frischem und getrocknetem Zustand. Meist wird der Rohstoff mit einem scharfen Messer, einem Fleischwolf oder im Mörser zerkleinert und in ein Glasgefäß gelegt. Der Rohstoff wird mit Wodka übergossen und für mehrere Stunden oder gar bis zu einem Monat an einen warmen (20 bis 24 Grad) oder einen dunklen Ort gestellt. Danach wird der Auszug durchgeseiht. Einige Auszüge allerdings nicht, denn für sie gilt: Je länger das Heilkraut im Wodka liegt, desto effektiver ist die Wirkung. Die Auszüge werden meist bei Zimmertemperatur an einem dunklen Ort aufbewahrt, einige kommen in den Kühlschrank.

Birkenextrakt

Auf 6 Liter Wodka kommen 100 Gramm junge Birkenblätter, die Anfang Mai von den Spitzen der Zweige (nicht vom Stamm!) abgeschnitten werden müssen, oder 200 Gramm Birkenblüten. Die Pflanzen werden mit Wodka übergossen und für drei Tage an einen warmen Platz gestellt. Die Flüssigkeit wird durchgeseiht, die Blätter im Sieb werden erneut mit Wodka übergossen und wieder für drei Tage an einen warmen Platz gestellt. Der Auszug wird wieder abgegossen, die Blätter werden wieder mit dem übrigen Wodka übergossen und ziehen nun 10 Tage. Alle drei Auszüge werden anschließend zusammengegossen. Von diesem Birkenwodka trinkt man je 50 Gramm am Morgen auf nüchternen Magen und 50 Gramm am Abend vor dem Essen. Birkenextrakt wird bei Lebererkrankungen, Rheumatismus und häufigen Krämpfen eingenommen. Außerdem hilft Birke als schmerzstillendes Mittel, wenn man damit Wunden oder verletzte Stellen einreibt.

Eichelextrakt

200 Gramm Eicheln schälen und zerkleinern. Mit 1 Liter Wodka übergießen und zwei Wochen an einem warmen Ort ziehen lassen. Den fertigen Auszug durchseihen und trinken. Eichelwodka hilft bei Gelenk- und Rückenschmerzen und bei Lungenentzündung.

Magenwodka

Zur Bereitung dieses Wodkas nimmt man 50 Gramm Pomeranzenschalen (Bitterorange), ohne die innere weiße Haut. Dazu gibt man 6 Gramm Nelke, 6 Gramm Zimt, 6 Gramm Myrrhe und 4 Gramm rotes Sandelholz für die Farbe. Alles wird zu Pulver zerrieben, mit 3 Liter Wodka übergossen und für 3 Tage an einen warmen Ort (nicht unter 22 Grad) gestellt. Jeden Tag je 50 Gramm davon vor dem Mittag- und Abendessen schont den Magen.

Blutwurzwodka

8 Gramm Blutwurz zerkleinern, 4 Gramm Wermutwurzel, Ingwer, Enzian, Rhabarber und Aloe hinzufügen und mit 1 Liter Wodka übergießen. 15 bis 20 Tage an einen warmen Ort stellen und ziehen lassen. Den fertigen Auszug durchseihen und an einem dunklen Ort aufbewahren. Täglich 50 Gramm zwei- bis dreimal vor dem Essen zur Anregung des Appetits trinken. Dieser Wodka wirkt stark adstringierend (zusammenziehend), blutstillend, spasmolytisch (krampflösend) und entgiftend. Er wird weiterhin getrunken bei Durchfall, Schleimhautentzündung im Mund und Zahnschmerzen.

Paprikawodka

50 Gramm getrocknete bittere Paprikaschote zerkleinern, eine Prise Ingwer und Kardamom hinzufügen und mit 6 Litern Wodka übergießen. An einem dunklen Platz zwei Wochen ziehen lassen. Zweimal am Tag mit einem Holzlöffel umrühren. Dieser Wodka hilft bei Husten, Erkältung und Lungenentzündung.

Schmerwurz, Feuerwurzel (Adamow koren)

Die frische Wurzel raspeln. Auf ein Wasserglas voller Schmerwurz gießt man 200 Milliliter Wodka und lässt das Gemisch 24 Stunden ziehen. Schmerzende Körperstellen einreiben bei Polyarthritis, Rheuma, Hexenschuss, Gicht, Gelenkbeschwerden und Schmerzen in der Halswirbelsäule und im Kreuz.

Kalmus

Kalmus spielt zum Beispiel in der ayurvedischen Medizin eine große Rolle. Es hilft bei Verdauungsbeschwerden, wirkt beruhigend und appetitanregend, weil es die Speichel- und Säureproduktion fördert.

Die zerkleinerte getrocknete Wurzel wird mit 0,5 Liter Wodka übergossen und 10 Tage zum Ziehen an einen dunklen Ort gestellt. Täglich schütteln. Den fertigen Auszug durchseihen und einen Teelöffel davon einnehmen. Heißen Tee oder abgekochtes warmes Wasser nachtrinken. Der Kalmusauszug kann auch bei Durchfall, Vergiftung und Ruhr zur Reinigung eingenommen werden.

Walnussextrakt

Die Nüsse ohne Schale zerkleinern, in eine Glasflasche füllen und mit Wodka übergießen. Die Flasche 14 Tage zum Ziehen an einen dunklen, kühlen Platz stellen. Täglich einmal 30 bis 40 Tropfen einnehmen und ein halbes Glas Wasser nachtrinken. Der Extrakt wird bei Herzarrhythmien, Herzschmerzen und Atemnot eingenommen.

Oder: Die Walnussschale von 14 Nüssen mit dem Hammer zerkleinern und mit 0,5 Liter Wodka übergießen. Die Mischung eine Woche an einen warmen und dunklen Platz stellen. Den fertigen Auszug durchseihen und zur Aufbewahrung in den Kühlschrank stellen. Jeden Morgen auf nüchternen Magen einen Esslöffel einnehmen, bis der Extrakt ausgetrunken ist. Hilft bei Zysten an den Eierstöcken, Gicht, Bronchitis, Kropf.

Steinklee-Essenz

100 Gramm trockenes Kraut zerkleinern und mit 0,5 Liter Wodka übergießen. Das Gemisch 14 Tage ziehen lassen. Dann die fertige Essenz durchseihen. Dreimal am Tag je 10 bis 15 Tropfen vor dem Essen einnehmen und Wasser nachtrinken. Die Blut- und Lymphströmung wird angeregt. Hilft auch bei Unfruchtbarkeit und Störungen des Hormonhaushalts, schweren und geschwollenen Beinen, Hämorrhoiden.

In einer Wodkapfütze ertrinkt auch ein Recke.

Ringelblumenessenz

25 Gramm Blüten mit einem Glas Wodka übergießen. Vor der Einnahme die Essenz mit Wasser verdünnen. Bei Angina, Wundbehandlungen und Geschwüren aller Art. Um Entzündungsprozessen im Mund vorzubeugen, täglich mit Ringelblumenessenz (1 Teelöffel Essenz auf 1 bis 2 Gläser Wasser) spülen. Um einen größeren Effekt zu erreichen, kann man das Zahnfleisch auch mit der Verdünnung massieren.

Kartoffelessenz

Bei Nervenwurzelentzündung hilft eine Wodkaessenz aus Kartoffelblüten. Bei akutem Krankheitsverlauf die betroffenen Stellen einreiben und gleichzeitig einen Esslöffel dreimal am Tag schlucken.

Erkältungskrankheiten kann man mit einer Essenz aus Kartoffelkeimlingen behandeln. Bei Schnupfen die Essenz verdünnen und in die Nase tropfen. Bei trockenem Husten innerlich einnehmen und bei Angina gurgelt man mit einer Verdünnung.

Die regelmäßige Einnahme einer Wodkaessenz aus hellgrünen Kartoffelkeimlingen (1 Esslöffel getrocknete Keimlinge auf 200 Milliliter Wodka) verbessert merklich das Sehvermögen. Dafür die Keimlinge eine Woche lang im Wodka ziehen lassen und von dem Mittelchen dreimal am Tag je 1 Teelöffel einnehmen.

Brennnesselessenz

200 Gramm im Mai gesammelte Brennnesseln zerkleinern, in eine Flasche geben, mit 0,5 Liter Wodka aufgießen. Den Flaschenhals mit Mull zubinden und 24 Stunden im Licht stehen lassen. Dann die Flasche eine Woche an einen dunklen Ort stellen und täglich schütteln. Die fertige Essenz durchseihen und 1 Teelöffel vor dem Essen und vor dem Schlafen einnehmen. Die Essenz hat eine stärkende und tonisierende Wirkung. Sie wird vor allem von älteren Menschen gern eingenommen.

Maiglöckchenessenz

Zwei Drittel einer Halbliterflasche mit Blüten füllen. Bis obenhin mit Wodka vollgießen und 15 Tage an einem dunklen Ort stehen lassen. Die fertige Essenz durchseihen und täglich 10 Tropfen, mit Wasser verdünnt, dreimal hintereinander im Abstand von 20 Minuten nach dem Essen bei Unruhezuständen, Aufregung und Depressionen in den Wechseljahren trinken.

Lilienessenz

Blütenblätter zerkleinern, unzerkleinerte Blüten hinzufügen, mit diesem Gemisch ein Drittel einer Halbliterflasche aus dunklem Glas füllen und bis zum Rand Wodka
eingießen. Die Flasche wird mit einem Korken verschlossen und für einen Monat an einen kühlen, dunklen Platz
gestellt. Die Essenz wird äußerlich bei Mitessern und
nicht heilenden, entzündeten Wunden angewandt.

Melissenessenz

20 Gramm Kraut und ein Glas Wodka mischen. Bei
einer Magenverstimmung dreimal am Tag 15 Tropfen einnehmen.

Wacholderessenz

Die Wurzeln des Wacholderstrauchs unter fließendem
Wasser waschen, abtrocknen, zerkleinern, in ein Konser-
venglas füllen und mit Wodka übergießen. Das Gemisch
zwei Wochen an einem dunklen Platz ziehen lassen. Täglich schütteln. Die fertige Essenz abseihen und dreimal
am Tag 30 Minuten vor dem Essen 1 Esslöffel einnehmen.
Hilft bei Kalziumablagerungen, besonders bei Sporn an
der Ferse und Osteochondrosis.

Oder: 20 Gramm getrocknete Wacholderbeeren zu
Pulver zerreiben und mit 100 Milliliter Wodka auffüllen.
Die Mischung drei Wochen an einen dunklen Platz stellen. Davon 15 Tropfen mit 1 Teelöffel unraffinierten Pflan-
zenöls zu einer Emulsion vermischen. Dreimal am Tag
10 Minuten vor dem Essen einnehmen bei Magen- und
Darmkatarrh, Störung des Gallenflusses, Gallenblasen-
gries und Gallensteinen.

Löwenzahnessenz

10 Gramm zerkleinerte getrocknete Löwenzahnwurzeln mit 700 Milliliter Wodka aufgießen und 10 bis 12 Tage an einem dunklen Ort ziehen lassen. 1 Esslöffel dreimal am Tag einnehmen bei Lungenleiden und geschwollener Milz.

Fliederessenz

Ein Glas Blüten mit 0,5 Liter Wodka auffüllen. Die Essenz wird äußerlich bei Rheuma einmassiert und für Kompressen bei Stoßwunden und Wunden verwendet.

Bei der Behandlung von Bronchitis wird eine kräftigere Essenz zubereitet: ein Einlitereinweckglas bis oben mit Fliederblüten füllen, darauf Wodka gießen und das Ganze 10 Tage zum Ziehen wegstellen. Die Essenz vor dem Schlafengehen einnehmen: 100 Milliliter des Auszugs in ein Glas starken Tees gießen und in kleinen Schlücken trinken.

Kieferessenz

Die grünen, im Frühling abgerissenen Kienäpfel zerkleinern und in ein Dreilitereinweckglas füllen. Darüber Wodka gießen und mit einem Plastikdeckel verschließen. Für eine Woche an einen dunklen Ort stellen. Die fertige Essenz abseihen. Die ausgepressten Kienäpfel nicht wegwerfen. Man kann sie noch dreimal mit Wodka übergießen. Dreimal am Tag 1 Esslöffel 15 bis 20 Minuten vor dem Essen bei Bluthochdruck und nervösen Zuständen einnehmen. Außerdem ist dieser Auszug ein gutes Desinfektionsmittel.

Wenn man 15 Maizapfen zerkleinert, in ein Glasgefäß

füllt und mit Wodka übergießt, erhält man ein gutes Mittel gegen Knötchen in der Schilddrüse. Dazu das Glas mit einem Plastikdeckel, in den man einige Löcher gebohrt hat, verschließen. Die Mischung für 10 Tage an einen dunklen und kühlen Platz stellen. Den fertigen Auszug abseihen. Das Mittel wie folgt einnehmen: an den ersten beiden Tagen dreimal 1 Tropfen vor den Mahlzeiten. An den folgenden beiden Tagen 2 Tropfen dreimal vor den Mahlzeiten. Ab dem 5. Tag und bis zum Ende der Kur 5 Tropfen dreimal am Tag vor den Mahlzeiten. Die Kur sollte 21 Tage dauern.

Knoblauchessenz

Man nimmt eine dunkle Halbliterflasche, wärmt sie an und wirft eine große gehäutete und zerkleinerte Knoblauchknolle hinein. Den Knoblauch mit 0,5 Liter Wodka auffüllen und vom Neumond bis zum Vollmond ziehen lassen. Zweimal am Tag, morgens und abends, die Flasche schütteln. Die Essenz abseihen und an einen kühlen Ort (nicht in den Kühlschrank) stellen. Zweimal am Tag, morgens und vor dem Schlafengehen, 10 bis 15 Tropfen bei einer Grippewelle als Prophylaktikum gegen Erkältungen einnehmen.

Wer den Schnaps liebt, ist schlecht zu seinem Herzen.

Hagebuttenessenz

100 Gramm getrocknete Wurzel zerkleinern, mit Wodka auffüllen und drei Wochen in einem fest verschlossenen Gefäß an einem dunklen Ort ziehen lassen. Dreimal täglich vor dem Essen 1 Esslöffel einnehmen bei Arthrose, Sklerose, Kalziumablagerungen, Osteochondrosis, Gicht. Da diese Essenz eine stark harntreibende Wirkung hat, muss man Lebensmittel zu sich nehmen, die reich an

Kalium, Kalzium und Magnesium sind. Die Kur sollte 40 Tage nicht überschreiten. Frauen sollten während der Menstruation die Kur unterbrechen.

Eukalyptusessenz

Zur Zubereitung dieses Auszugs verwendet man 100 Gramm Eukalyptusblätter und 0,5 Liter Wodka. Der Auszug wird bei Rheumatismus und anderen Knochen- und Muskelschmerzen angewandt. Die zu behandelnden Stellen des Körpers werden damit eingerieben.

PROPHYLAKTISCHE ESSENZEN

Eine ganze Reihe von Essenzen aus der »Russischen Hexenküche« hat eine allgemein stärkende Wirkung und erhöht die Immunität und die Widerstandskraft des Kör- pers gegen alle möglichen Krankheiten.

Auszug zur Erhöhung der Immunität

Während der Blütezeit gesammeltes Schöllkraut durch den Fleischwolf drehen und den Saft auspressen. Den Saft mit Wodka im Verhältnis 1:1 mischen. 15 Tropfen der Essenz in ein Glas mit grünem Tee geben und morgens auf nüchternen Magen trinken, und zwar sieben Tage hintereinander zweimal im Jahr.

Tonisierende Essenz

Diese Essenz ist der Hauptteil einer allgemein stärkenden Kur, die die Arbeitsfähigkeit erhöht und ein ausgezeich- netes Prophylaktikum gegen viele Krankheiten ist. Die Kur setzt sich aus drei Etappen zusammen.

1. Einen Monat lang 1 bis 2 Gläser Saft pro Tag trinken: abwechselnd Apfelsaft und Möhrensaft.

2. Im darauffolgenden Monat wird der Organismus mit weiteren Säften gereinigt: Einmal in der Woche je ein Glas Saft Apfelsaft, Möhrensaft, Birnensaft, Gurken- oder Rote-Beete-Saft aller drei Stunden trinken. Vor der Einnahme sollte der Saft eine Stunde stehen.

3. Zwei- bis dreimal am Tag 30 Minuten vor dem Essen 1 Esslöffel Essenz zu sich nehmen. Zur Bereitung der Essenz mischt man 1 Glas Honig mit einem Glas Möhrensaft, einem Glas Rote-Beete-Saft, einem Glas Rettichsaft und 1 Liter Wodka. Die Mischung wird in Glasflaschen gefüllt, mit einem Korken zugepfropft und für 14 Tage an einen dunklen kühlen Ort gestellt. Die fertige Essenz in ein sauberes Gefäß umgießen, dabei nicht schütteln. So lange einnehmen, bis die Essenz ausgetrunken ist. Nach einem halben Jahr kann die Kur wiederholt werden.

Essenz zur Blutreinigung

Ein Einlitereinweckglas mit Brennnessel füllen. Das Kraut festdrücken, einen Zweig Pfefferminze und einen Zweig Thymian hinzugeben, bis obenhin mit Wodka auffüllen und für eine Woche an einen dunklen Ort stellen. Die fertige Essenz abseihen und dreimal am Tag 20 Minuten vor dem Essen 1 Esslöffel einnehmen. Das Blut sollte zweimal im Jahr gereinigt werden – im Frühling und im Herbst.

Heilbalsam

100 Gramm Knoblauch zweimal durch den Fleischwolf drehen, 50 Gramm Honig und 30 Milliliter 20-prozentige Propolislösung hinzugeben. Alles gut vermischen und mit 200 Milliliter Wodka auffüllen. Für 10 Tage an einen

dunklen Platz stellen. Den fertigen Balsam dreimal am Tag 30 Minuten vor dem Essen mit einem Teelöffel einnehmen, bis der Balsam ausgetrunken ist.

Herbstelixier

Dieses Getränk heißt so, weil es die Gesundheit im Jahreszeitenwechsel stärken soll, vor allem im Herbst, wenn die Gefahr von Erkältungskrankheiten größer wird.

Blätter vom Schwarzen Johannisbeerstrauch, vom Stachelbeerstrauch, vom Himbeerstrauch, von Johanniskraut, kleine Zweige vom Birnbaum und vom Hagebuttenstrauch in einen Emailtopf geben, mit Wasser auffüllen und 15 Minuten lang kochen. Den Topf vom Herd nehmen, warm einschlagen und 10 Stunden stehen lassen. Danach abseihen. In einem anderen Topf auf die gleiche Weise Kalmuswurzel, Alantwurzel (Schlangenkraut), Sanddornwurzel und Süßholzwurzel kochen. In einer Thermoskanne Hagebutten in Wasser ziehen lassen. Das fertige Wurzelgebräu durchseihen. Alles zusammen in ein Gefäß gießen.

Zu 1 Kilo Gebräu 1 Kilo Zucker hinzufügen, wieder aufs Feuer stellen, zum Kochen bringen und 40 Minuten auf kleiner Flamme kochen lassen. Es muss ein dicker Sirup entstehen. In den noch warmen Sirup 5 Esslöffel Wodka geben, das Elixier in eine Flasche aus dunklem Glas geben und zur Aufbewahrung in den Kühlschrank stellen. Dreimal am Tag einen Esslöffel 30 Tage lang einnehmen.

Tibetessenz

Das größte untere Blatt einer Aloe (die Pflanze darf vorher eine Woche lang nicht gegossen worden sein) abbrechen und klein schneiden. Eine rote scharfe Paprikaschote zerkleinern (mit den Samen). Aloe und Paprika vermischen und einen gehäuften Esslöffel gehacktes getrocknetes Schöllkraut hinzufügen. Das Gemisch in ein Halbliterglas geben und noch einmal mit einem Birken- oder Lindenstäbchen gut mischen. 400 Milliliter Wodka hinzugießen. Das Glas mit Alufolie zudecken, Stoff darüberlegen, festbinden und an einen dunklen Platz stellen. Das Gemisch drei Wochen ziehen lassen und täglich schütteln. Diese Tibetessenz gibt dem Körper Spannkraft und Freude.

Ein Säufer im Volk ist wie Unkraut im Garten.

WODKA PUR

Folgende Rezepte beruhen auf der alleinigen Heilwirkung des Wodkas, ohne Hinzugabe von Heilkräutern oder anderer Beimischungen. Dazu nimmt man natürlich nur den besten 40-prozentigen Wodka. Aber auch medizinischer Spiritus ist möglich.

Desinfektion

Eine der wichtigsten Wirkungen des Wodkas ist die desinfizierende. Man kann kleine Schnittwunden und Schrammen immer mit Wodka behandeln, wenn man nichts anderes zur Hand hat.

Sehr oft verletzt der Mann sich beim Rasieren oder die Frau sich beim Brauenzupfen. Mit bloßem Auge kann man die winzigen Wunden oft nicht sehen, aber am nächsten Tag können sie sich entzündet haben und müssen dann langwierig behandelt werden. Außerdem sind sie nicht gerade eine Zierde für das Gesicht. Deshalb reibt man vor dem Rasieren oder Brauenzupfen die Haut mit reinem Wodka ein.

Gürtelrose

Bei einer Gürtelrose ist meist eine Salbe kontraindiziert. Man reibt die Haut mit Wodka ein. Das hilft, den Entzündungsherd zu begrenzen und zu verhindern, dass er in das Gewebe eindringt.

Mittelohrentzündung

Eine vereiterte Mittelohrentzündung kann man verhindern, wenn man in das kranke Ohr mit Wasser verdünnten Wodka tropft.

Fieber

Wodka ist auch ein effektives fiebersenkendes Mittel. Diese Eigenschaft gründet sich auf der großen Geschwindigkeit, mit der Ethanol auf der Hautoberfläche verdunstet. Man reibt den Rücken und die Brust des Fiebernden einfach mit Wodka ein. Anschließend darf der Kranke nicht zugedeckt werden, damit weder Decke noch Kleidung den Prozess des Verdunstens behindern. Wenn der Alkohol verdunstet ist, sinkt die Körpertemperatur des Kranken.

Verbrennungen

Die gleiche Wirkung hat der Wodka auch bei Verbrennungen. Der verbrannte oder verbrühte Teil des Körpers wird sofort mit Wodka behandelt. Das schnelle Verdunsten kühlt die Haut und lindert dadurch den Schmerz. Außerdem bilden sich auf der Wunde keine Brandblasen.

Unfälle

Wodka hat bei Unfällen eine Antischockwirkung. Wenn kein anderes Narkosemittel zur Hand ist, gibt man dem Verletzten ein halbes Glas Wodka zu trinken, um den Schmerzschock zu übertünchen.

Vergiftungen

Ethanol ist das beste Mittel, wenn man sich mit Methylalkohol vergiftet hat. Hat die grüne Schlange zugebissen, hat also der Trinker Methanol geschluckt, der dem Geruch und Geschmack nach leicht mit Ethanol zu verwechseln ist, dann kann er erblinden. In schweren Fällen kann Methanol sogar zum Tod führen. Bei den ersten Vergiftungsanzeichen muss dem Kranken auf der Stelle verdünntes Ethanol, also Wodka, verabreicht werden.

Trink keinen
Methylalkohol!

Man glaubt es kaum, Alkoholismus kann mit Alkohol behandelt werden. Der Effekt liegt darin, dass man dem Kranken Wodka zu trinken gibt, der bei ihm Übelkeit und Erbrechen hervorruft. Dafür gibt man in den Wodka verschiedene Pflanzen, die Ekel hervorrufen. Um den Heilungseffekt zu steigern, ist es ratsam, dem Kranken den Inhalt des Gemischs nicht zu verraten.

Man nimmt also die Wurzel einer Liebstöckelpflanze und zwei Lorbeerblätter, gießt ein Glas Wodka darauf und lässt das Ganze zwei Wochen ziehen. Dreimal täglich im Verlauf von 10 Tagen 1 Esslöffel von dem Gemisch dem Kranken zu trinken geben.

Chronischen Alkoholismus kann man auch mit Haselwurz behandeln. Ende Juli, wenn die Blüte beendet ist, die Blätter sammeln und trocknen. 6 Esslöffel getrocknete Blätter mit 9,5 Liter kochendem Wasser übergießen und den Sud an einem dunklen Ort zwei Wochen lang ziehen lassen.

Am Anfang der Kur dem Kranken morgens 100 Milliliter des Suds und anschließend 100 Milliliter Wodka zu trinken geben. Am Tag wird die Prozedur wiederholt, am Abend erhält der Kranke nur 100 Milliliter Wodka. Danach muss er sich übergeben. Man gibt ihm noch weitere 200 bis 300 Milliliter Wodka. Der Brechreiz wiederholt sich. Wenn der Kranke es ablehnt, weiterhin Wodka zu sich zu nehmen, muss man ihn zwingen, 100 Milliliter des Suds zu trinken.

Krebs

Angeblich soll Wodka, vermischt mit kleinen Dosen Gift, auch bei Krebsleiden helfen. Zu dieser Erkenntnis kam der russische Arzt Arendt, der an der Schlacht von Borodino gegen Napoleon teilnahm und auch den im Duell verwundeten Puschkin pflegte. Er schreibt, dass die Herrscher des Altertums, vor allem die asiatischen, große Angst hatten, dass jemand aus ihrer näheren Umgebung sie vergiften könnte. Um gegen eine tödliche Dosis immun zu werden, nahmen sie kleine Dosen Gift ein. Das Interessante daran ist, dass diese Herrscher nie an onkologischen Krankheiten starben.

Ein Gläschen am Morgen vertreibt alle Sorgen.

Arendt zog seine Schlussfolgerungen daraus und entwickelte eine eigene Methode zur Behandlung von Krebsleiden, indem er seinen Patienten eine kleine Dosis ausgewählter giftiger Pflanzen gab. Er bevorzugte das berühmte Schierlingskraut und löste es in Wodka auf. Und Arendt hatte Erfolg mit seiner Kur, die er in seinen Büchern genau beschreibt. Sie soll vor allem bei Leukämie helfen.

Bei Prostatakrebs verschreibt Arendt eine Mixtur von Wodka und Wildpäonie, einem wilden Pfingstrosengewächs aus Sibirien. Dazu zerkleinert man 100 Gramm der Pflanze, gießt Wodka auf, lässt das Gemisch 21 Tage an einem dunklen Ort ziehen und seiht es dann ab. 1 Teelöffel der fertigen Essenz dreimal am Tag einnehmen und etwas Wasser nachtrinken.

Gegen Krebs allgemein soll Schöllkraut oder Goldkraut, wie es ebenfalls heißt, helfen. Man sagt ihm eine ähnliche lebensspendende Wirkung nach wie der Shen-Shen-Wurzel.

Dazu nimmt man die blühende Pflanze mit der Wurzel, lässt sie etwa 3 Stunden im Schatten trocknen, dreht sie dann durch den Fleischwolf und presst den Saft heraus. 0,5 Liter Saft vermischt man mit der gleichen Menge Wodka und lässt das Ganze zwei Wochen an einem dunklen, kühlen Ort ziehen. Von der fertigen Mixtur nimmt man viermal am Tag 1 Teelöffel vor dem Essen. Nach zehn Tagen ersetzt man den Teelöffel durch einen Esslöffel.

Ganz einfach ist die Herstellung eines Meerrettich-Elixiers gegen Krebs. Dafür pflückt man im Juni, wenn die Tage am längsten sind, junge Blätter, zerkleinert sie, stopft sie in 6 Einlitergläser und gießt Wodka darüber, so dass die Blätter ganz bedeckt sind. Dann werden die Gläser mit einem Deckel verschlossen und für eine Woche in den Kühlschrank gestellt. Von der fertigen Mixtur dreimal am Tag 30 Minuten vor dem Essen je 1 Esslöffel einnehmen. Die Kur dauert 10 Tage.

Vom Saufen wurde sein Gehirn so wässrig, dass es ihm aus den Ohren floss. Anton Tschechow

EINE GESCHICHTE AUS DEM WAHREN LEBEN

Wodka kann das Leben retten: Ein kleiner Junge war bei minus 20 Grad ins Wasser gefallen. Seine Mutter rieb ihm den ganzen Körper mit Wodka ab, und er hat nicht einmal einen Schnupfen bekommen.

Gesellschaft »Bekman & Co.« St. Petersburg

Nach einer geschlagenen Stunde war unser treuer Freund Borja vom Bücher-Wegbringen wieder zurück. Der Weg war ihm etwas schwergefallen, denn der Wodka hatte schon seine Wirkung gezeigt. Wir kamen auf Methoden, wie man wieder nüchtern wird.

»Wenn einer zu viel getrunken hat, hilft nur ›Rassol‹, auch ›Morgentau‹ genannt«, sagte Kolja wie aus der Pistole geschossen.

Rassol – das ist Gurkenlake, die meist gleich aus dem Einweckglas getrunken wird und jeden Kopfschmerz wegbläst. Ich weiß nicht, wie die Chemie funktioniert. Aber Rassol hilft immer. Und ein heißes Süppchen. Ein heißes, säuerliches Süppchen – Stschi oder Borstsch. Mit Fleisch und Fett. Oder Chasch. Viele essen in solchen Fällen Chasch. Mein georgischer Freund Irakli aus Batumi hat mir einmal genau beschrieben, wie man Chasch isst und wie er zubereitet wird.

☆ CHASCH ☆

Was macht man, wenn man am Morgen nach einer durchzechten Nacht mit schwerem Kopf aufwacht? Nichts ist besser als ein heißes Süppchen, am besten georgischer oder armenischer Chasch. Dann weiß der Organismus: »Es ist alles wieder gut, mein Freund! Das Leben ist angenehm vom Morgen bis zum Abend und vom Abend bis zum Morgen!« Der fette, weiche Kuss des Süppchens umspült deine Innereien mit brüderlicher Liebe, die Gewürze und Kräuter machen dir Mut: »He, mein Schätzchen, was bist du doch für ein Prachtkerl! Wie viel Kraft du noch hast, Alter!« Und ein Gläschen Wodka, die berühmten Sto Gramm, zwinkert dir zu: »He, das Leben geht weiter.«

Wenn du am Morgen eine Suppe isst, dann stehst du über dem düsteren Chaos des Alltags. Du bist wie Prometheus, der den Gottvater herausfordert: »Bedecke deinen Himmel, Zeus!« Und zu Chasch isst man nicht etwa ein Stück Obst, höchstens eingelegte Zitrone. Nein, etwas Herzhaftes – eine Zwiebel! Keine Pflaume, sondern ein gesalzenes Gürkchen, keine Marmelade, sondern georgischen Adshika, die scharfe Würzsoße aus Zwiebel, Knoblauch, Koriander, Dill, Peperoni. Leckere Beilagen sind auch Sauerkohl, Oliven, marinierter Sellerie. Den liebe ich persönlich am meisten. Dann noch marinierter Knoblauch, überhaupt alle Formen von mariniertem Gemüse und Kräutern. Bekömmlich ist auch fein geschnittenes, mit Zitronensaft beträufeltes Radieschen. Alles andere ist überflüssig. Brot natürlich noch, aber kein rundes, sondern flaches, am besten Fladenbrot.

Und dazu trinkt man kein Tässchen Kaffee, sondern ein Glas eiskalten Wodka aus einer Flasche mit einer Träne! Zum Nachtrinken eignet sich helles Bier, mit dunklem sollte man erst am Nachmittag beginnen.

Den Chasch isst man nicht in Einsamkeit, sondern in Gesellschaft. Chasch ist so etwas wie ein Morgengebet. Die Menschen, die beim Chasch beisammensitzen, empfinden eine uneigennützige brüderliche Liebe zueinander, ein seltenes Gefühl in unserer heutigen Zeit. Jeder wird gebraucht, keiner ist überflüssig.

Am besten nimmt man den Chasch in einem bescheidenen kleinen Kellerrestaurant zu sich. Dort ist es im Winter warm und im Sommer kühl. Die Form des Gewölbes sollte zur Form des Tellers passen. Denn ein Mensch, der morgens wieder nüchtern wird, ist besonders empfänglich für Harmonie. Die Suppenteller müssen schlicht sein, billig, aus weißem

Und da heißt es, wir sind Schweine …

Porzellan, im äußersten Fall mit blauem oder gelbem Rand verziert. Die Gabeln, Löffel, Messer sind aus Aluminium. Auch das Glas, aus dem du deinen morgendlichen Wodka trinkst, soll ganz einfach sein, am besten ein billiges Teeglas, in das die 100 Gramm hineinpassen. Neben dem Teller liegen ganz einfache Servietten aus hauchdünnem Papier. Die Tischdecke ist verwaschen, ungebügelt, aber rein. Das fördert den Zustand der Rührung, und Rührung ist genau das richtige Gefühl für einen Menschen, der nach durchzechter Nacht am Morgen Chasch isst und ein Glas Wodka trinkt. Aus einer Flasche, an der langsam eine Träne herunterläuft.

Chasch ist nicht nur eine Suppe, sondern eine Metapher für Freundschaft. Er wird sehr lange gekocht, und auch die Freundschaft entsteht in vielen Jahren. Demzufolge muss auch die Kleidung, die man beim Chasch trägt, zur Länge der Zeit passen. Es sollte die Kleidung vom Vortag sein. Dasselbe Hemd, das man gestern getragen hat, vielleicht hat man es nicht einmal ausgezogen, dieselben Hosen. Und auch dieselben Socken. Die Socken sind sehr wichtig. Meinetwegen ziehen Sie ruhig ein frisches Hemd an, wenn Sie unbedingt mögen. Aber frische Socken – die können alles verderben! Denn sie passen nicht zu dem etwas geschwollenen Gesicht, zu dem Geruch aus dem Mund und zur allgemeinen Rührung. Ein Gefühl der Rührung in Verbindung mit frischen Socken eignet sich nur für die Harmonie unmittelbar vor dem Tod. Chasch aber sagt dir, dass das ganze Leben noch vor dir liegt!

Wie kocht man Chasch auf klassische Weise? Man nimmt sieben Kilo Rinderfüße, zwei Kilo Rindermagen. Dies wäscht man gründlich und sehr lange unter fließendem Wasser. Dann in 20 Liter kaltes Wasser legen. Um acht Uhr abends stellt man alles auf den Herd und lässt es auf kleinem Feuer bis sechs Uhr morgens kochen. Wenn das Fleisch vom Knochen fällt, ist der Chasch fertig.

Beim Essen der Suppe spricht man am besten über die Vorzüge des Chaschs und über das vergangene Trinkgelage. Auch philosophische Themen sind erwünscht, keinesfalls jedoch sollte man die Politik berühren, und schon gar nicht den Klimawandel oder den möglicherweise bevorstehenden Weltuntergang. Das passt nicht zur Lebensfreude beim

Chasch. Oft geht der Chasch zwanglos ins Mittagessen über und gleich darauf ins Abendessen.

Chasch ist eine gute Sache, wenn man nicht gleich darauf zur Arbeit gehen muss. Aber was macht man, wenn der Alltag dich gleich am Morgen verschlingen will? Dieser Fall ist besonders zu bedenken, denn er erfordert große Kraftanstrengung, nicht wenig Mut und ein verstärktes, fast göttliches Harmoniegefühl.

Erinnern wir uns: Die Zunge ist geschwollen, der ganze Organismus, der nach Feuchtigkeit lechzt, trocken wie die Wüste Karakum. Im Magen ein mulmiges Gefühl, als ob dort ein Stock querliegt. Schwarze Fliegen tanzen vor den Augen. Der Gleichgewichtssinn ist stark gestört. Zu diesem klassischen Zustand passt am besten ein Teller mit Vinaigrette-Salat vom Vortag und darin steckenden Zigarettenstummeln. Mit einem gewissen Widerwillen nimmt man eine Gabel und piekst, ohne hinzusehen, auf gut Glück vom Rand ein kleines Stück Rote Rübe und eine schrumplige Salzgurke auf, die große Ähnlichkeit mit einer verwesenden Schabe hat. Dann schaltet man das Radio ein. Man wartet 40 bis 60 Minuten und übergibt sich. Wenn einem das nicht gelingt, empfiehlt es sich, mehrere Flaschen Bier zu trinken, keinen Rassol! Denn der Rassol könnte die schlechte Laune in Heiterkeit verwandeln, und die wäre jetzt völlig fehl am Platz.

Die ausweglos erscheinende Situation ist schwerer zu bestehen als jedes Staatsexamen. Und die ganze Kraft und das gesamte Harmoniegefühl sind gefordert, um dieser Prüfung standzuhalten.

> Gefahren bin ich von Land zu Land
> Mein Frust ist so alt wie die Welt.
> Welch Schurke hängte den Spiegel an die Wand
> Der mir mein Leben vergällt!

Zum traurigen Anblick passt ein sehr hart gekochtes Ei. Wenn man es hinuntergekaut hast, nimmt man eine Dusche, zieht saubere Sachen an, geht zum Spiegel und strengt all seine Kräfte an, um den zu erkennen, der einen anglotzt. Hat man ihn erkannt, rennt man sofort zur Toilette und übergibt sich ein zweites Mal. Dann wäscht man sich das Gesicht mit kaltem Wasser, putzt die Zähne, trinkt starken Tee und geht zur Arbeit.

Unterwegs gedenkt man der verzweifelten Menschen auf Karl Brüllows Gemälde »Der letzte Tag von Pompeji«. An diesem Tag kam es zu einem schrecklichen Ausbruch des Vesuvs – vergleiche das Gefühl beim Übergeben. Die Unglücklichen verbrannten bei lebendigem Leibe unter der heißen Asche.

Vergegenwärtigen wir uns die herzzerreißenden Leiden der unglücklichen Italiener, können wir uns davon überzeugen, dass selbst das schlimmste Elend nach einer Saufnacht nur dazu da ist, um geistig und seelisch zu reifen und sich zu vervollkommnen. Doch manchmal neigen wir dazu, nur die traurige Seite der Ereignisse wahrzunehmen, und merken nicht, dass es in Wirklichkeit immer zwei Seiten der Medaille gibt, manchmal sogar mehr. Wir ignorieren den fröhlichen, erhabenen Aspekt der Ereignisse. Schade, denn ein optimistischer Blick auf die Welt regt unsere Magensäfte an, ganz zu schweigen von anderen Säften.

Peter der Große empfiehlt: »Wenn der Kopf am nächsten Morgen brummt, dann zieh Filzstiefel auf die nackten Füße und futtere eine Schüssel heiße saure Kohlsuppe.«

»Es muss ja nicht immer Chasch sein. Einfache Sülze mit Meerrettich tut's auch«, meinte ich.

»Wer hat schon so viel Zeit, Chasch zu kochen«, stimmte mir Kolja zu. Er war so angeregt, dass er wieder seine philosophischen Ergüsse auf Borja und mich niederregnen ließ: »Ist euch schon mal aufgefallen, Brüder, dass das Wort ›Sakuska‹ bedeutet, dass man zum Trinken etwas isst? Eigentlich müsste es doch umgekehrt sein: Die Menschen essen und trinken dazu. Aber die ›Sakuska‹ ist dazu da, dass man genug im Magen hat, um viel trinken zu können.«

Wer getrunken hat, ist von uns gegangen. Wer trinkt, wird von uns gehen. Aber ist der etwa unsterblich, der nicht trinkt?

Borja: »Das Schöne am Betrunkenwerden ist doch, dass alle traurigen Gedanken und Probleme dich verlassen. Und die positiven …«

Kolja: »Da bin ich prinzipiell nicht mit dir einverstanden, Borja, denn Alkohol potenziert den Zustand, in dem du dich gerade befindest. Wenn du depressiv bist, geht es dir noch schlechter. Wenn du allerdings nur eine leichte Depression hast, geht es dir besser. Alkohol wirkt wie ein Reaktionsbeschleuniger, er verstärkt deinen Zustand, mehr nicht.«

Borja: »Wenn du aber erschöpft bist, abgespannt, dann hilft Wodka. Und wenn einer Schnaps getrunken hat und den Mut findet, sich alle Probleme von der Leber zu reden, dann kann er auf diese Probleme spucken. Wenigstens eine Zeitlang. Sonst dreht er sich immerzu im Laufrad und kommt gar nicht zur Besinnung.«

Kolja: »Manche Menschen werden aggressiv und gemein, wenn sie trinken. Man sagt, im Wein liegt Wahrheit.

Wandzeitung

Vielleicht sind solche Leute von Natur aus gemein und aggressiv. Der Alkohol holt diese Eigenschaften nur an die Oberfläche.«

Borja: »Es heißt doch: Was ein Nüchterner denkt, spricht ein Betrunkener aus.«

Kolja: »Ich kenne Menschen, mit denen man lieber nicht trinken sollte. Die können unerträglich werden. Denen soll man lieber aus dem Weg gehen.

Brüder, ich will euch mal den Grund sagen, warum viele Leute heutzutage trinken. Unser Institut zum Beispiel war früher einzigartig auf der ganzen Welt. Aber heute verdient jede x-beliebige Reinemachefrau mehr als wir. Wir sind eigentlich Bettler. Kriegen nicht einmal 200 Dollar im Monat. Jede Kassiererin im Supermarkt schaut auf uns herab. Einen Computer anzuschaffen ist für uns ein Problem. Und alle die, die es nicht gepackt haben, in die neue Realität zu springen, die haben Komplexe. Die zum Beispiel keine Arbeit beim Fernsehen, die Privilegien und Geld bringt, gefunden haben. Menschen, die nicht mehr jung sind, denken von sich, dass sie etwas Schlechteres sind. Das gibt es nicht nur in unserem Beruf. Der größte Teil der wissenschaftlichen Institute ist eingegangen.

Für Menschen um die 50, die es nicht geschafft haben, sich im neuen Leben zurechtzufinden, ist der Wodka die einzige Rettung. Wodka ist ein billiges Getränk. Es genügen ein paar Gläschen, und schon erreichst du einen Zustand, in dem du die Welt liebst und dich mit deinem Leben abfindest. Dich wurmt es nicht mehr, dass andere reich sind und du arm geblieben bist und man auf dich spuckt. Im nüchternen Zustand denkst du: Warum hast du nicht einen Beruf gewählt, in dem man viel verdient: Jurist, Buchhalter, Programmierer, Ökonom, Zahnarzt. Zu sowjetischen Zeiten haben wir gedacht: So wollen wir nicht weiterleben. Aber was man uns heute bietet, das wollen wir auch nicht.«

Borja und ich trösteten Kolja: Solange man Freunde hat, solange es Wodka gibt, werden wir leben. Weiter brauchen wir nichts. Alles andere findet sich von selbst. Die Hauptsache ist, dass wir zusammensitzen.

»Seht mal!«, rief auf einmal Balaganow. »Ein Auto!«

Ostap Bender ordnete für alle Fälle an, das Plakat zu entfernen, welches Schlamm und Schlamperei anprangerte.

Der geschlossene graue Cadillac stand, leicht zur Seite geneigt, am Straßenrand. Die mittelrussische Natur, von seinen blanken, dicken Scheiben gespiegelt, sah sauberer und schöner aus als in Wirklichkeit. Der Fahrer war kniefällig damit beschäftigt, die Decke vom Vorderrad abzumontieren. Daneben standen in quälendem Warten drei Gestalten in sandfarbenen Reisemänteln.

»Sie haben eine Panne?«, fragte Ostap und lüpfte höflich die Mütze. Der Fahrer hob das gespannte Gesicht, dann vertiefte er sich wortlos wieder in seine Arbeit.

Die Antilopenfahrer entstiegen ihrem grünen Gefährt. Koźlewicz ging ein paarmal um das Traumauto herum, hockte sich neidisch seufzend neben den Fahrer und war alsbald in ein Fachgespräch vertieft. Panikowski und Balaganow musterten mit kindlicher Neugier die Reisenden, von denen zwei ein sehr hochmütiges fremdländisches Aussehen hatten. Der dritte war, nach dem benebelnden Galoschengeruch seines Gummitrustmantels zu urteilen, ein Landsmann.

»Sie haben eine Panne?«, wiederholte Ostap, berührte dabei sacht die Gummischulter des Landsmanns und warf zugleich einen versonnenen Blick auf die Ausländer.

Der Landsmann erzählte gereizt von dem geplatzten Reifen, doch sein Murmeln flog an Ostaps Ohren vorbei. Auf der großen Straße, einhundertdreißig Kilometer von der nächsten Kreisstadt entfernt, mitten im europäischen Russland, lungerten zwei fette ausländische Hähnchen bei ihrem Automobil herum. Das gab dem großen Kombinator zu denken.

»Sagen Sie mal«, unterbrach er den Landsmann, »sind die beiden aus Rio de Janeiro?«

»Nein«, antwortete der Landsmann, »aus Chicago. Und ich bin Dolmetscher bei Intourist.«

»Und was machen sie hier am Kreuzweg, auf dem wilden, alten Feld, so weit weg von Moskau, von dem Ballett ›Roter Mohn‹, von den Antiquitätenläden und dem berühmten Gemälde des Künstlers Repin ›Iwan der Schreckliche und sein Sohn Iwan‹? Das will mir nicht in den Kopf! Warum haben Sie die hierhergebracht?«

»Ach, zum Teufel mit denen!«, sagte der leidgeprüfte Dolmetscher. »Schon drei Tage sausen wir wie besessen von Dorf zu Dorf. Die haben mich völlig geschafft. Ich habe viel mit Ausländern zu tun, aber solche sind mir noch nicht untergekommen.« Er machte eine schwungvolle Handbewegung zu den rotbäckigen Reisegefährten hin. »Die anderen benehmen sich wie normale Touristen, laufen durch Moskau und kaufen in den Handwerkerläden hölzerne Humpen. Die beiden hier sind aus der Art geschlagen. Sie fahren durch die Dörfer.«

»Das ist doch sehr löblich«, sagte Ostap. »Die breiten Massen der Milliardäre machen sich mit dem Leben im neuen, sowjetischen Dorf vertraut.«

Die beiden Bürger der Stadt Chicago beobachteten tiefsinnig die Instandsetzung des Automobils. Sie trugen silbrige Hüte, steifgestärkte Hemdkrägen und mattrote Schuhe.

Der Dolmetscher sah Ostap verdrossen an und rief: »Von wegen! Das interessiert sie einen Dreck! Samogon wollen sie, selbstgebrannten Schnaps, nicht das sowjetische Dorf.«

Bei dem Wort »Samogon«, das der Dolmetscher besonders sorgfältig artikuliert hatte, fuhren die Gentlemen herum und traten näher.

»Da sehen Sie's«, sagte der Dolmetscher. »Sie können dieses Wort nicht ruhig anhören.«

»Ja. Da muss ein Geheimnis walten«, sagte Ostap, »oder entarteter Geschmack. Es will mir nicht in den Kopf, wie man Samogon lieben kann, während es in unserem Vaterland eine so große Auswahl an edlen starken Getränken gibt.«

Trinkst du, stirbst du. Trinkst du nicht, stirbst du auch.

»Das ist viel einfacher, als Sie glauben«, sagte der Dolmetscher. »Sie suchen das Rezept für die Zubereitung von gutem Samogon.«

»Richtig!«, schrie Ostap. »Sie haben ja zu Hause das Alkoholverbot. Mir geht ein Licht auf. Haben Sie denn das Rezept bekommen? Nicht? Klarer Fall. Konnten Sie nicht gleich mit drei Autos kommen? Man hat Sie natürlich für Behördenbonzen gehalten. So kriegen Sie nie ein Rezept, das kann ich Ihnen versichern.«

Der Dolmetscher beklagte sich über die Ausländer: »Glauben Sie mir, die haben mich unentwegt gelöchert: Nun sag schon das Geheimnis des Samogon. Aber ich bin kein Schwarzbrenner. Ich bin Mitglied des Verbandes der Volksbildungsmitarbeiter. Ich habe eine alte Mutter in Moskau.«

»Und zu der möchten Sie gern zurück?«

Der Dolmetscher seufzte kläglich.

»Wenn's so ist«, sprach Ostap. »Wie viel zahlen Ihre Chefs für das Rezept? Hundertfünfzig?«

»Zweihundert«, raunte der Dolmetscher, »haben Sie denn das Rezept?«

»Gleich diktier ich's Ihnen, das heißt, sobald ich das Geld hab. Welchen wollen Sie: Kartoffelschnaps, Weizenschnaps, Aprikosengeist, Gerstenschnaps, Maulbeergeist, Buchweizenschnaps? Man kann sogar aus einem gewöhnlichen Holzschemel Schnaps brennen. Es gibt Leute, die mögen Schemelgeist. Andere brennen einfachen Trauben- oder Pflaumengeist. Mit anderen Worten, Sie können jedes der hundertfünfzig Schnapsrezepte haben, die ich beherrsche.«

Ostap wurde den Amerikanern vorgestellt. Die höflich

gelüpften Hüte schwebten lange in der Luft. Dann ging man ans Werk.

Die Amerikaner entschieden sich für Weizensamogon, dessen einfache Zubereitung sie reizte. Das Rezept wurde ausführlich in die Notizbücher geschrieben. Als Gratiszugabe teilte Ostap den amerikanischen Abgesandten noch die günstigste Konstruktion eines Zimmerdestillierapparats mit, der sich vor neugierigen Blicken mühelos in einem Schreibtisch verstecken ließ. Die Abgesandten versicherten Ostap, dass die Anfertigung eines solchen Apparats beim Stand der amerikanischen Technik eine Kleinigkeit sei. Ostap seinerseits beteuerte, der Apparat seiner Konstruktion liefere täglich einen Eimer herrlichen, aromatischen Erstbrands.

»Oho!«, riefen die Amerikaner.

Sie hatten dieses Wort schon bei einer angesehenen Familie in Chicago gehört. Dort waren dem »Erstbrand« die besten Referenzen gegeben worden. Das Oberhaupt dieser Familie war seinerzeit mit dem amerikanischen Okkupationskorps in Archangelsk gelandet, hatte dort Erstbrand getrunken und konnte seitdem die zauberhafte Empfindung, die er dabei gehabt, nicht vergessen.

Aus dem Munde der ermatteten Touristen klang das grobe Wort »Erstbrand« zart und verführerisch.

Die Amerikaner zahlten ohne weiteres die zweihundert Rubel und schüttelten Ostap lange die Hand. Panikowski und Balaganow gelang es, sich gleichfalls mit Handschlag von den Bürgern der überseeischen Republik, die vom Alkoholverbot zermürbt waren, zu verabschieden. Der Dolmetscher verabfolgte Ostap vor Freude einen Schmatz auf die harte Wange und bat, ihn zu besuchen, fügte auch hinzu, seine alte Mutter werde sich sehr freuen. Aus irgendwelchen Gründen aber verabsäumte er, seine Adresse zu nennen.

Die Reisenden stiegen in ihr Auto, und unter fröhlichen Klängen fuhren sie davon.

Unser Beisammensein war in die nächste Phase eingetre-
ten – in die nüchterne. Wäre allerdings ein Fremder her-
eingeplatzt, hätte er das Gegenteil behauptet. Wir aber
hielten unsere Urteile für äußerst vernünftig. Kolja kam
wieder mit seinem Kintopp: »In einem Film habe ich
mal gesehen, wie eine junge Frau nach Hause kam, voller
Probleme. Sie nahm ein Handtuch und ging ins nächste
Schwimmbad. Ein Russe würde nicht zum Handtuch
greifen, sondern zur Flasche.«

Borja widersprach: »Nein, mein lieber Kolja, wenn bei
mir um die Ecke ein Schwimmbad wäre, ich würde zum
Handtuch greifen. Aber bei mir ist das nächste Schwimmbad drei U-Bahn-Stationen entfernt.«

Kolja: »Klar, da ist es einfacher, sich zu besaufen. Fahr
doch nach New York und lebe dort ein halbes Jahr, vielleicht greifst du da zum Handtuch. Alle Russen denken,
dort ist es gut, wo sie selbst nicht sind. Überall ist es gut,
nur bei uns ist es schlecht.«

Borja: »Du vereinfachst alles, Kolja. Und
du vergleichst einen Film mit dem Leben.
Das Leben muss man mit einem anderen
Leben vergleichen, und Filme mit anderen
Filmen. Wenn die Schwimmbäder kosten-
los wären, würde ich schwimmen gehen.«

*Die Wissenschaftler haben
sich 200 Jahre den Kopf
darüber zerbrochen, was
die beste Sakuska ist, und
haben nichts Besseres
gefunden als die Salz-
gurke. Anton Tschechow*

Kolja: »Hört mal, Brüder. Unser Wodka ist alle. Da
muss ich wohl losgehen. Was meint ihr ...«

Borja: »Bring auch was Saures mit. Oder Oliven. Leider habe ich meine eingelegten Gurken zu Hause gelassen.
Das wäre jetzt eine wundervolle Sakuska. So was kriegst
du im Laden nicht zu kaufen. Meine Gurken haben ein

ganz besonderes Aroma. Erstens, Gurken aus dem Laden und Gurken vom Bauernmarkt – das ist ein himmelweiter Unterschied. Frisches Gemüse, das seine Flüssigkeit noch nicht verloren hat, hält länger und hat einen ganz anderen Geschmack. Die besten Gurken sind natürlich die aus dem eigenen Garten, frisch geerntet. Und eigene Kräuter: Waldmeister, Dill, Lorbeer, viel Knoblauch. Und dann noch unser Auberginenkaviar: Auberginen gedünstet, mit Mohrrüben, Tomaten, bulgarischen Paprikaschoten, Zwiebeln, Knoblauch, Öl.«

Kolja: »Das ist eine wundervolle Sakuska.«

Borja: »Wir bereiten den Auberginenkaviar im Herbst zu. Als Beigabe zu gekochten Kartoffeln. Das alles wird dann im Winter beim Wodkatrinken gegessen.«

Kolja hatte sich schon den Mantel angezogen und eine Plastiktüte gegriffen: »Also, Brüder, wartet auf mich. Ich bin in fünf Minuten zurück. Wodka und Hering.«

Nach 20 Minuten war Kolja vom Einkaufen zurück. »Brüder, ich habe ›Staraja Moskwa‹ mitgebracht. Vorhin hatten wir ›Staraja Russkaja‹. Der ist so ähnlich. Haben wir Gabeln für den Hering? Borja, schau mal im Schrank nach, da müssen noch Plastikgabeln liegen.«

Borja: »Ich sehe keine.«

Kolja: »Wenn keine da sind, angeln wir uns den Hering mit einem Löffelchen und legen ihn aufs Brot. Hier sind erst mal die Gürkchen. Ein Messer, bitte sehr.«

Borja schnitt kleine Häppchen zurecht: »Greift gleich mit den Händen zu.« Er biss herzhaft in eine Gurke und sagte kauend: »Meine Gurken schmecken natürlich besser. Sie sind nicht so sauer und so groß. Da gibt's schon ein paar Geheimnisse beim Gurkeneinlegen. Und erst die leicht gesalzenen frischen Gurken.«

Kolja: »Das ist was ganz Besonderes. Da hat jeder sein eigenes Rezept. Wie machst du sie denn?«

Als Erstes kommen kleine frische Gurken für eine halbe
Stunde in kaltes Wasser. Dann werden die beiden Enden
abgeschnitten, die Gurken mit dem Handtuch abgetrocknet,
in ein Einweckglas gepackt, und man fügt Knoblauch, Dill
oder Dillsamen, Meerrettich-Wurzel oder Meerrettich-Blät-
ter hinzu. Auch Blätter von schwarzen Johannisbeeren und
Kirschblätter kann man hinzugeben. Die unteren Gürkchen
sollten stehen, fest aneinandergepresst, wie Soldaten. Eine
Prise scharfen Pfeffer draufstreuen. Kein Lorbeerblatt. Und
nun kommt die Salzlake: Zwei Esslöffel Salz auf einen Liter
Wasser. Die heiße Lake gießt man in das Einweckglas über die
Gurken und die anderen Zutaten. Auf die Gurken kann man
noch eine kleine feste Tomate legen. Das Ganze mit einem
Tuch abdecken. Nach 24 Stunden kann man die Gürkchen
schon essen.

Kolja: »Das ist ein Essen für den Sommer. Aber die Gurken halten sich nicht lange. Sie müssen bald verschmaust
werden.«

Borja: »Wenn man Gurken für den Winter einlegen
will, macht man es genauso wie bei den frischen Salzgurken. Aber es gibt einen Unterschied: Man muss die Lake
nach einer halben Stunde wieder zurück in den Topf gießen, noch einmal aufkochen und wieder über die Gurken
gießen.«

Kolja: »Borja, wenn ich dir so zuhöre, scheint mir das
Ganze ziemlich kompliziert zu sein …«

Borja überging Koljas Kritik: »Und dann muss man
noch einen Teelöffel Essigessenz hinzugeben. Dann den
Deckel fest drauf und umgekehrt hinstellen, mit dem
Kopf nach unten. Und mit einem Handtuch zudecken.
So dass die Gläser langsam abkühlen. Am nächsten Mor-

gen wird alles wieder auf die Füße gestellt und kommt an einen kühlen dunklen Platz.«

Kolja konnte die Ironie nicht lassen: »Und welcher einfache Wodka passt am besten zu diesen komplizierten Gurken?«

Borja: »Jeder reine Wodka.«

Das war eine salomonische Antwort. Jeder weiß, dass die Voraussetzung für einen guten Wodka die Reinheit und Geschmacksfreiheit ist.

★ WORAUF DIE MENSCHEN ★
BEIM WODKATRINKEN HEREINFALLEN

Es gibt heute alle möglichen Wodkasorten, zum Beispiel eine mit dem wohlklingenden Namen »Kremljowskaja«. Die meisten denken – ein typisch russischer Wodka, vielleicht sogar im Kreml gebrannt. Nichts da! Das ist ein deutscher Wodka. Die Menschen sehen nur das schöne Etikett und die schöne Form der Flasche, und schon sind sie begeistert. Dass die Qualität schlecht ist, merken sie erst später, wenn überhaupt. In Russland gibt es auch Wodkasorten, die aus technischem Spiritus hergestellt werden. Ein hübsches Etikett auf die Flasche, ein wohlklingender Name, und schon ist die Sache geritzt. Es gibt keine Kontrolle mehr auf dem Markt.

★ ZARENWODKA ★

Die Zaren tranken Wodka, der an ihrem Hof hergestellt wurde. Es ist eine Legende, dass der Zar »Smirnoff«-Wodka trank – den angeblichen »Zarenwodka«.

Wie wurde der echte Zarenwodka hergestellt? In den aus gutem gemahlenem Roggen gebrannten Spiritus wurden ein Eimer Eier und ein Eimer Milch gegossen. Oder auch drei Eimer Milch. Was kostete es den Zaren? Eier und Milch absorbierten die Fuselöle, die ätherischen Öle, besonders, wenn der Spiritus warm oder heiß war. Die Öle mit der Milch und den Eiern bekamen dann die Schweine zu fressen – der Wodka aber war rein wie Kristall. Dann wurde er noch durch Sand oder Kohle gefiltert, und fertig war der Zarentrank.

★ GEHEIMNISSE DES WODKABRENNENS ★

Der Leser wird an dieser Stelle einige wichtige Erkenntnisse aus dem Kapitel über Samogon wiederfinden. Beim Wodka geht es natürlich um andere Maßstäbe, und außerdem ist es kein Fehler, wenn jahrhundertealte Erfahrungen der Menschheit aufgefrischt werden. In der modernen Technologie ist das Rezept fürs Wodkabrennen überall gleich, es gibt also kaum noch ein Geheimnis, sollte man meinen.

Aber ein kleines Detail spielt dennoch eine große Rolle, und zwar die Geschwindigkeit, mit der der Wodka gefiltert wird. Es gibt die Möglichkeit, zum Beispiel fünf Liter innerhalb von zehn Minuten zu filtern oder dieselben fünf Liter innerhalb von zwei Minuten. Der Unterschied ist riesengroß. Bei der schnelleren Geschwindigkeit schafft es der Filter nämlich nicht, alle schädlichen Öle herauszufiltern. Filtert man aber langsamer, kann man nicht so viel Wodka herstellen. Das ist ein Dilemma. Jeder Wodkafabrikant will doch so viele Flaschen wie möglich abfüllen und seinen Arbeitern so wenig wie möglich zahlen, vor allem in der Wartezeit, wenn die Flüssigkeit durchläuft. Der Gewinn spielt für die Qualität also eine verheerende Rolle. Nur der Staat, der es sich leisten kann, weniger Gewinn zu erzielen, wäre in der Lage, einen reineren Wodka herzustellen. Jedenfalls in Russland.

DIE ROHSTOFFE

Die Rohstoffe spielen natürlich eine große Rolle. Ist der Rohstoff schlecht, wird auch der Wodka schlecht. Wie beim Samogon, dem Selbstgebrannten, und gilt für alle Lebens- und Genussmittel, die hergestellt werden. Ist die Frucht schlecht, ist die Konfitüre miserabel. Ist der Weizen schlecht, ist das Brot miserabel. Der Wodka aus Korn ist besser als der aus Kartoffeln, Kohlrüben oder Zuckerrüben. Warum? Weil Kartoffeln, Kohlrüben und Zuckerrüben Elemente enthalten, die man sehr lange herausfiltern muss. Und in Getreide sind sie fast gar nicht vorhanden. Aber Getreide ist nicht Getreide. Wodka aus Roggen zu machen, selbst wenn man keine Erfahrung im Brennen hat, gelingt fast immer. Denn in Roggen sind weit weniger schädliche Stoffe als in Weizen.

Ein Versuch: Zerdrückt man ein Weizenkorn mit einer

Flasche, so entsteht ein kleiner Fettfleck. Macht man das Gleiche mit einem Roggenkorn, ist kein Fettfleck zu sehen. Der Roggen ist frei von Ölen. Stellt man Wodka aus Weizenkörnern her, muss die Flüssigkeit von ätherischen Ölen befreit werden, beim Roggenkorn nicht. Es lassen sich auch nicht alle ätherischen Öle entfernen, denn sie sind sehr fein. Und sie verursachen einen unfeinen Kater. Noch einen Vorteil hat der Wodka aus Roggen vor dem aus Weizen oder Buchweizen oder anderem Getreide oder gar Kartoffeln oder Rüben – er macht nicht aggressiv.

DAS WASSER

Das Wasser ist ein wichtiger Bestandteil des russischen Wodkas, und zwar das weiche Wasser der russischen Flüsse, das es nirgendwo sonst gibt. Bis in die zwanziger Jahre des vorigen Jahrhunderts war das Wasser der Moskauer und Petersburger Flüsse Moskwa, Kljasma und Newa von dieser wunderbaren Weichheit. Jetzt ist nur noch das Quellwasser von Mytistschi, einer kleinen Stadt bei Moskau, so weich. Von *Wodka ist ein Vitamin, sagte Ho Chi Minh.* dort wurde bereits im 18. Jahrhundert eine 20 Kilometer lange Wasserleitung bis Moskau gelegt. Außerdem wird das Wasser heute noch aus der Rusa, einem Nebenfluss der Moskwa, und aus der Wasusa, einem Nebenfluss der Wolga, gewonnen.

Der Grund dieser Flüsse besteht aus Kieselsteinen. Ein weicheres, reineres und schmackhafteres Wasser findest du nicht. Auch die kleinen Quellen bei Moskau und das Grundwasser bieten das schmackhafteste Nass, was jeder beim Teekochen überprüfen kann. Du kannst den billigsten Tee nehmen, mit dem weichen, reinen Wasser aus dem Brunnen auf deiner Datscha schmeckt er wie kein anderer. Das bezieht sich allerdings nicht auf das harte chlorreiche Leitungswasser. Vor dem sollte man sich beim Teekochen hüten. Es erschlägt den besten Geschmack.

Vor der Wodkaherstellung wird das Wasser noch gereinigt – mit Flusssand, Quarzsand – und auf keinen Fall erhitzt oder gar destilliert, wie es oft in den USA, in Finnland, Italien oder Deutschland geschieht. Denn dann verliert es sein Leben. Gekochtes Wasser ist tot, die ganze Seele wurde ihm herausgekocht. Das gilt, nebenbei gesagt, auch für das Teekochen. Mit kochendem Wasser aufgegossener Tee schmeckt nie so gut wie Tee, der mit frischem, reinem Wasser, das kurz vorm Kochen ist (das Wasser wird weiß), aufgebrüht wird.

Im alten Russland fügte man dem Wasser, mit dem der Alkohol gemischt wurde, noch Honig hinzu.

MALZ

Für den echten russischen Wodka wird immer Roggenmalz verwendet. Alles Weitere bleibt ein Geheimnis, das viele Wissenschaftler zu lüften versuchten. Es ist ihnen aber nicht gelungen.

HEFE

Im alten Russland nahm man zum Gären Roggen-Sakwaska – wie beim Backen von Roggenbrot. Ende des 19., Anfang des 20. Jahrhunderts wurde in den Wodkafabriken spezielle Hefe aus natürlichen Kulturen entwickelt. Diese Hefe wird über die Roggenmaische gegossen, die in besonderen Bottichen gärt. Aber das wiederum ist ein Geheimnis jeder einzelnen Wodkafabrik. Manchmal hängt der Geschmack von den Behältern ab, in dem der Gärungsprozess abläuft. Manchmal müssen diese Behälter schon viele Jahre in Benutzung sein, sonst schmeckt der Wodka nicht so, wie er schmecken soll. Genauso ist es mit dem Borodiner Roggenbrot (Borodinski chleb), das es heute zu kaufen gibt. Es schmeckt nicht annähernd so gut wie das, was es noch vor zehn Jahren zu kaufen gab, ja es riecht sogar ganz anders. Und das liegt hundertprozentig an den neuen Maschinen, in denen der Teig geknetet und ausgebacken wird.

ZUSÄTZLICHE KOMPONENTEN

Da ist die Fantasie gefragt. Zu dem Spiritus-Wasser-Gemisch kann man als Aroma hinzugeben, was man will, angefangen von Waldkräutern (Johanniskraut, Wermut, Anis, Thymian) über die jungen Knospen verschiedener Bäume (Birke, Trauerweide), die Blätter von Beerenbüschen (Sauerkirsche, Schwarze Johannisbeere) bis hin zu importierten Gewürzen (Ingwer, Nelke, Muskatnuss).

Früher hat man dem Wodka zur Stärkung noch Hopfen beigefügt, ab dem 18. Jahrhundert verschiedene Säfte aus Ebereschen, Himbeeren und Walderdbeeren. Das hatte die Entwicklung eines ganz eigenen Zweiges der Wodkaherstellung zur Folge, nämlich des Zweiges der aromatisierten Wodkasorten.

Gott hat gesagt, man soll nur an einem Tag in der Woche trinken. Aber er hat vergessen, den Tag zu nennen. So laßt uns also jeden Tag trinken, damit wir den richtigen Tag nicht verpassen.

Charakteristisch allerdings für die russische Rezeptur ist die Beigabe von kleinen Mengen anderer Getreidesorten, die einen Akzent setzen: Gerstenmehl, Buchweizenmehl, Haferflocken, Weizenmehl. Diese Zusätze dürfen jedoch nicht zwei bis drei Prozent übersteigen. Es sind die kleinen Details, die dem Wodka seinen nicht fassbaren, doch individuellen Geschmack verleihen. Das bezieht sich vor allem auf die besten Wodkasorten.

Die Tradition der Reinigung von Fuselöl (ätherischem Öl), das dem Wodka einen unangenehmen Geruch und Geschmack verleiht, ist in Russland sehr alt. Die im Folgenden dargestellten Methoden der Wodkareinigung sind im Prinzip ähnlich den Methoden bei der Reinigung des Samogon.

Mechanische Reinigung

Der gewonnene Alkohol wird so schnell wie möglich abgekühlt. In Russland kann man ihn im Winter einfach in den Frost stellen. Das Ausfrieren ist eine relativ billige Methode. In Gegenden, in denen sich der Frost bis ins späte Frühjahr hält bzw. große Eisstücke bis zum nächsten Frost nicht tauen, wird der Wodka in speziell dafür vorgesehenen kleinen Fässern ausgefroren. Das Fass ist so gebaut, dass der nicht gefrierende Alkohol leicht abgegossen werden kann. Der Fusel verwandelt sich mit dem gefrierenden Wasser in einen Eisklumpen, den man einfach wegwirft.

Nach dem Ausfrieren wird gefiltert. Das Filtern ist ein geheimnisvoller Vorgang und beruht auf jahrhundertealter Erfahrung. Gefiltert wird durch Filz, Wollgewebe, Flusssand, Meeressand, Quarzsand, gemahlene Steine, kleingeriebene Keramik, Baumwollstoff, Leinen, Watte, wasserdurchlässiges Papier, Holzkohle oder Aktivkohle.

Mit der Aktivkohle gestaltet es sich aber nicht so einfach, denn der Alkohol darf nicht unverdünnt durch die Kohle gefiltert werden. Außerdem müssen für die Holzkohlenfilterung besondere, auf keinen Fall alte Bäume ausgewählt werden.

Die Baumart spielt eine große Rolle für den Geschmack

und die Reinheit des Wodkas. An erster Stelle steht die Buche, dann kommen Linde, Eiche, Erle, Birke, Kiefer, Tanne und Pappel.

Biologische Reinigung

Biologisch wird mit Milch, Eiern und Eiweiß gereinigt. Manchmal wird auch Schwarzbrot verwendet. Die biologische Reinigung ist sehr langwierig und kostspielig, dafür verleiht sie dem Wodka ideale Reinheit und unübertrefflichen Geschmack.

DAS BRENNEN

Bis in die siebziger Jahre des 19. Jahrhunderts galt in Russland die Regel: so vorsichtig und so langsam wie möglich brennen. Der Wodka, der auf diese Weise hergestellt wurde, war ein Produkt von hoher Reinheit und von wunderbarem Geschmack. Produkte, die aus den Wodkabrennereien der russischen Fürsten Scheremetjew und Kurakin, der Grafen Rumjanzew und Rasumowski kamen, übertrafen an Qualität sogar französischen Cognac.

Der Wodka führt einen langsamen Tod herbei, heißt es. Na und, keiner hat es eilig.

Es verwundert nicht, dass Katharina II. diese Wodkasorten hohen italienischen und deutschen Adligen zum Geschenk machte, und sogar Königen wie Friedrich II. und Gustav III. von Schweden. Sie schickte diesen Wodka auch an keinen Geringeren als Voltaire, der eigentlich ein großer Liebhaber des französischen Weins war. Und auch andere Koryphäen aus Literatur und Wissenschaft erhielten von ihr dieses exotische Geschenk – Carl von Linné, Immanuel Kant, Johann Wolfgang von Goethe und viele andere. Carl von Linné war so begeistert von dem Getränk, dass er ein ganzes Traktat darüber verfasste:

»Wodka in den Händen des Philosophen, des Arztes und des einfachen Mannes«.

Diese Reputation durch den edlen Wodka der Fürsten und Grafen hat die Entwicklung des Kapitalismus in Russland leider verdorben. Sie war verheerend für das Volk, das sich natürlich auf die billigen, schnell gebrannten Sorten warf, die meist aus Rüben und Kartoffeln gewonnen und nur in Eimern verkauft wurden. Dieser Umstand förderte die Trunksucht. Dem wurde Einhalt geboten mit der Einführung der Monopolisierung der Wodkaherstellung durch den Staat in den Jahren 1894 bis 1902 und nach der Revolution von 1917 bis zur Aufhebung des Staatsmonopols durch Jelzin im Jahr 1992, wovon oben bereits die Rede war.

Der staatliche Monopolwodka in sowjetischer Zeit hatte eine ebenso hohe Qualität wie der Wodka vor der Revolution. Die Wodkasorten, die nach der Revolution in Westeuropa und den USA von emigrierten Generälen, Bankiers und Industriellen hergestellt wurden, konnte man in keiner Weise mit dem echten russischen Wodka vergleichen. Ihnen fehlten sowohl die richtige Technologie als auch die Ausgangsprodukte, vor allem das weiche Wasser der russischen Waldflüsse und natürlich der russische Roggen.

Heute willst du nicht mit uns trinken, und morgen verrätst du das Vaterland!

Man sollte meinen, dass der finnische Wodka »Finlandia« es mit dem russischen aufnehmen könnte. Die finnischen Hersteller gelten als absolut ehrlich und sorgfältig. Aber weit gefehlt! Zwar wird für den finnischen Wodka der sogenannte Wasa-Roggen verwendet, der schöner und reiner als der russische ist, dem aber eines fehlt, nämlich die jahrhundertealte Standhaftigkeit des russischen Roggens aus dem Schwarzerdegebiet, der allen Unbilden des Wetters trotzt. So wird der Russe auch immer dunkles

Brot aus russischem Roggen, zum Beispiel das beliebte Borodiner Brot, dem Brot aus importiertem Roggen vorziehen. Bei Weißbrot ist es etwas anderes.

Man kann mit Fug und Recht sagen, dass nur der Wodka aus Russland echter russischer Wodka ist. Da folge ich dem seligen Wiljam Pochlebkin. Manch einer könnte dies für nationalistisch halten. Ist es aber nicht. Was wahr ist, muss wahr bleiben!

....

☆ LEW TOLSTOI ☆
»ZUR ARBEITERFRAGE«

....

Lew Tolstoi trank in jungen Jahren gern, ja übermäßig Wodka und Champagner. Erst im reifen Alter hat er dem Alkohol entsagt und Schriften gegen ihn verfasst, wie 1901 die Aufsätze »Zur Arbeiterfrage« und »Warum Menschen sich betäuben«.

Vor fünf Jahren, während der Krönung Nikolaus' II., wurde in Moskau dem Volke eine Bewirtung mit Schnaps und Leckerbissen umsonst in Aussicht gestellt. Das Volk strömte nach dem Platz, wo die Bewirtung stattfand, so dass man sich gegenseitig zu drücken anfing. Die Menschen, die hinten standen, stürzten sich auf diejenigen, die vorn standen, so dass man nicht mehr sehen konnte, was vorn vorging, und alle Welt sich stieß und drückte. Auf diese Weise sind einige Tausend Menschen, junge und alte, Männer und Frauen, zu Tode gedrückt worden.

Viktoria Tolstoi, die Ururenkelin von Lew Tolstoi, vergöttert alles Russische und liebt Wodka. Sie ist Jazz-Sängerin und lebt in Schweden.

Nachdem alles vorüber war, begannen die Menschen darüber nachzudenken, wer an alldem Schuld hatte. Die einen sagten, dass die Polizei daran Schuld hätte; die anderen beschuldigten die Veranstalter; die Dritten machten den

Zaren verantwortlich, dass er solch ein dummes Fest in Szene setzen ließ.

Man beschuldigte alle Welt, nur nicht sich selbst. Und es war doch klar, dass nur diejenigen Schuld daran hatten, die sich nach vorn stürzten, um ein Stückchen Kuchen und ein Glas Wodka abzubekommen.

Jasnaja Poljana, 12. Juli 1901.

★ BORJA, KOLJA UND ICH ★
MONTAG, 13. OKTOBER 2008, 24.00 UHR

Kolja und Borja gingen gar nicht auf meine Ausführungen zur Reinheit des Wodkas ein. Sie waren mit ihren Gedanken wieder einmal ganz woanders. Sie saßen da und schauten starr vor sich hin, in den Händen das Glas mit den Sto Gramm. Aber ich ließ mich nicht von ihrer Teilnahmslosigkeit beeindrucken und spann meinen Gedanken einfach weiter.

Trinkst du, stirbst du.
Trinkst du nicht, stirbst du.
Also trink, solang du lebst.

»Sogar in den teuersten Läden kann man schlechten Alkohol bekommen. Man vergiftet sich zwar nicht gleich, aber es ist kein guter russischer Wodka. Ich kenne nur eine Methode, wie man sicher sein kann, reinen Wodka zu kaufen.«

Ich meinte die Spezialgeschäfte der staatlichen Wodkafirma »Kristall«.

»Genosse Trotzki hat es richtig erfasst: Das Wichtigste in Russland ist das Kino und der Wodka. Stalin hat das ebenfalls behauptet.« Das war das Einzige, was Kolja mir lakonisch entgegnete.

★ STAATSMÄNNER UND DER WODKA ★

ZAR ALEXANDER III.

Alexander III. trank besonders viel. Das versuchte er vor seiner Frau zu verheimlichen. Er hatte riesige Stiefel, und in denen versteckte er die Flaschen. Wenn er mit seinem Adjutanten Karten spielte, holte er die Flaschen heraus, und sie tranken, ohne Gläser zu benutzen. Die Zarin merkte erst relativ spät, dass ihr Gatte einen in der Krone hatte.

»ZAR« BORIS

Boris Jelzin trank noch mehr Wodka als Zar Alexander III. Denn er war kein Zar, sondern nur Präsident. Die Grenzen, die man ihm setzte, waren deshalb nicht so eng. Ein Zar muss mehr auf die Etikette achten. Außer Wodka mochte Jelzin Cognac, trockenen Wein, Bier und überhaupt alles Alkoholische.

WLADIMIR PUTIN

Der arme Putin! Von dem ehemaligen Präsidenten Russlands ist bekannt, dass er nur Tee trinkt. Jetzt haben sie auch noch einen Wodka nach ihm benannt: »Putinka«! In Moskau kann man auf jeder U-Bahn-Station lesen: »Putinka, der klassische russische Wodka! Harter Charakter, weiche Seele.« Neuerdings gibt es auch noch den Toast: »Trink Putinka, und alle Wünsche werden wahr!«
    Aus dem Gutachten eines Kenners: »Der

Ich habe nichts dagegen, dass ein Wodka nach mir benannt wurde. Ein kleines Gläschen kann man sich schon mal genehmigen. Denn der Wodka und Russland sind eng miteinander verbunden. Wladimir Putin

Wodka ›Putinka‹ ist ein Elitewodka der Moskauer Firma ›Kristall‹. Er zeichnet sich durch seine Weichheit und seinen feinen Geschmack aus. Der Wodka ›Putinka‹ ist ein fürstliches Getränk, geschaffen für frohe Anlässe und zur Erholung. Er nimmt im Nu Müdigkeit und Stress.«

WLADIMIR MEDWEDJEW

Seitdem Medwedjew russischer Präsident ist, wurde die Produktion des Wodkas »Putinka« gedrosselt. Also schnell in den Laden gerannt und die letzten Vorräte aufgekauft, denn er wird eine Rarität werden. »Putinka« ist sehr populär – bisher wurden 330 Millionen Euro für diese Sorte ausgegeben. Auch im Ausland ist er sehr beliebt und bei Kennern geschätzt.

Da die Russen sehr schnell beim Ausdenken von Wodkanamen sind, gibt es jetzt auch »Medwedka«, natürlich mit einem Bären auf der Flasche, denn »medwed« heißt Bär *(Anm. d. Übers.)*. Man muss nur aufpassen, dass man sich keinen Bären aufbinden lässt. Der Hersteller des Wodkas »Putinka« hat allerdings in weiser Voraussicht einen Wodka mit Namen »Wladimir und die Bären« registrieren lassen. Es trifft sich gut, dass beide Politiker mit Vornamen Wladimir heißen.

Der Wodka ist eine Zeitmaschine! Du trinkst, und schon ist es morgen.

JOSSIF STALIN

Der Generalissimus trank nur an Feiertagen ein bis zwei Gläschen. Aber er maß dem Wodka eine ungeheure ökonomische Bedeutung bei.

In seiner Rede 1925 auf dem XIV. Parteitag der Kommunistischen Partei Russlands (Bolschewiki) äußert sich Stalin dazu:

Zwei Worte zu einer unserer Reservequellen – zum Wodka. Es gibt Menschen, die denken, man könne den Sozialismus in weißen Handschuhen erbauen. Das ist ein grober Fehler, Genossen. Da wir keine Anleihen haben, da wir arm sind an Kapital und da wir außerdem auf keinen Fall in Abhängigkeit von den westeuropäischen Kapitalisten geraten wollen, da wir ihre Bedingungen nicht akzeptieren können, die sie uns angeboten und die wir abgelehnt haben, bleibt nur eins: Quellen auf anderen Gebieten zu suchen. Das ist auf alle Fälle besser als Verschuldung. Wir müssen also wählen zwischen ökonomischer Abhängigkeit und Wodka. Und die Menschen, die denken, dass man den Sozialismus in weißen Handschuhen errichten kann, irren sich gewaltig.

LEONID BRESHNJEW

Breshnjew trank sehr gern Wodka mit einem Halm Johanniskraut in der Flasche – sicher, um sein Gemüt aufzuhellen. Und Cognac.

JURI ANDROPOW

Andropow trank sehr wenig, konnte aber bei Bedarf jeden unter den Tisch trinken.

VIKTOR TSCHERNOMYRDIN

Auch Viktor Tschernomyrdin ist ein Liebhaber des Wodkas, trinkt aber auch gern trockenen Wein und Bier. Womit er allerdings bei der Gründung von »Gasprom« anstieß, ist nicht überliefert.

Ich nehme stark an – Wodka. Wie könnte der staatliche Konzern, dessen Direktor er ist, sonst solche Erfolge verzeichnen?!

In Russland ist es schwer vorauszusagen, was Erfolg bringt und was Niederlagen. Politik und Alkohol sind in unserem Land schicksalhaft miteinander verwickelt. Einerseits mag man die Alkoholiker nicht, andererseits aber lassen sich bestimmte Probleme ohne Sto Gramm nicht entscheiden.

Ein junger Mann wurde unter Jelzin zum Gouverneur ernannt. Er hatte keinerlei Erfahrung mit der Politik. Ein alter sowjetischer Funktionär brachte ihm die wichtigste Regel bei: »Wenn du mit den Betriebsdirektoren und den Kolchosvorsitzenden gute Beziehungen haben willst, musst du mit jedem einzelnen Wodka trinken.«

Aber in dem Gebiet, das ihm unterstand, gab es 500 Betriebe und 750 Kolchosen. Es war also eine lange Liste von Leuten, mit denen der junge Mann trinken sollte. Er kürzte die Liste auf die wichtigsten Partner, aber es blieben immer noch 400 Trinkkumpane übrig.

Der junge Mann begann also seine Autorität bei den Partnern zu stärken. Nach einem Jahr war er aufgeschwemmt, es fiel ihm schwer, morgens aufzustehen, sein Gedächtnis hatte nachgelassen, und er hatte Schwierigkeiten, die einfachsten Wörter zu artikulieren. Ernsthafte Probleme konnte er kaum noch lösen. Er war in die Klauen des Alkohols geraten. In seiner Not wandte er sich an seinen Berater, den erfahrenen sowjetischen Funktionär: »Warum haben Sie mir geraten, mit jedem Betriebsdirektor zu trinken, um meine Autorität zu erhöhen?«

Der Berater entgegnete ihm: »Ich wusste ja nicht, dass Sie diesen Hinweis so strikt einhalten.«

Ein Tschuktsche erblickt zu Hause einen Besen: »Meine Alte ist total verrückt geworden. Wir haben keinen Tropfen Wodka im Haus, und sie kauft Möbel!«

In der sowjetischen Zeit konnten ein Politiker und ein Beamter ohne Alkohol kaum überleben oder Karriere machen. Das Saufgelage gehörte zur Etikette. Es war Tradition und Bestandteil des Protokolls, das nicht verletzt werden durfte. Ausnahmen wurden nur für Kranke gemacht, wie zum Beispiel für Juri Andropow, der an einem Nierenleiden litt. Alle anderen tranken. Wenn einer nicht mittrank, wurde er schief angesehen. Man vermutete, dass er ein Spitzel war.

Ein russischer Panzer ist lange nicht so schrecklich wie seine betrunkene Besatzung.

Heutzutage hat sich die Situation verändert. Es wird viel weniger getrunken und mehr Sport getrieben. Schon Boris Jelzin trank zwar viel, spielte aber regelmäßig Tennis. Und auch Wladimir Putin führt ein sportliches Leben.

Als es im Jahr 2006 zu einem Engpass an Wodka kam, verhielt das Volk sich ruhig. Nicht so im Jahr 1991, als es keinen Wodka zu kaufen gab. Damals sperrten die Männer die Straße, warfen Busse um und forderten lautstark ihr Recht auf Wodka. Der moderne Kapitalismus verlangt indessen einen anderen Lebensstil. Kaum noch sieht man eine Gruppe Männer, die an der Ecke steht, Wodka trinkt und dazu Schmelzkäse »Freundschaft« isst. Zu sowjetischen Zeiten war das gang und gäbe.

Unter Jelzin trank kaum jemand mehr als der Präsident selbst. Als die sowjetischen Truppen in Deutschland feierlich verabschiedet wurden, soff Jelzin den ganzen Tag und dirigierte sogar ein Orchester. Die russischen Politiker, die ihn begleiteten, versuchten ihn davon abzubringen: Das sei eine Schande für Russland, meinten sie. »Boris Nikolajewitsch, die Mitglieder unserer Delegation sind zu der Überzeugung gekommen, dass die Sache mit dem Orchester keinen guten Eindruck hinterlassen hat. Das Programm muss korrigiert werden, auch die vielen Toaste. Uns steht noch ein großer Empfang in unserer Botschaft bevor. Bundeskanzler Kohl wird kommen und viele andere wichtige Politiker. Da müssen wir nüchtern sein und Würde zeigen.«

Jelzin reagierte starrköpfig: »Wieso war die Sache mit dem Orchester keine gute Idee?«

Der Fernseher wurde eingeschaltet – auf allen deutschen Sendern wurde wiederholt, wie Jelzin im betrunkenen Zustand das sowjetische Militärorchester dirigierte. Jelzin war erschüttert: »Das ist ja furchtbar! Sehe ich wirklich so aus?«

Er war sofort einverstanden, an diesem Tag nichts mehr zu trinken. Aber er fragte nicht ohne Hintergedanken: »Wie lange wird der Empfang dauern?« Anderthalb Stunden laut Protokoll – ein Kinderspiel. Das sollte man doch ohne Alkohol aushalten.

Als der Präsident von seinen Begleitern zum Empfang abgeholt wurde, war er frisch und nüchtern wie ein Gürkchen. Das nennt man einen starken Charakter! Jelzin kam ja aus dem Ural.

Der Empfang verlief wie im Bilderbuch. Jelzin hielt eine wunderbare Rede. Kohl war zufrieden, alle waren zufrieden. Es wurde geklatscht. Dann bat man zu Tisch. Es wurde eingeschenkt. Jelzin trank nur Mineralwasser und zwinkerte seinen Begleitern zu. Um halb neun erhob sich Kohl, und Jelzin begleitete ihn hinaus. Beide verabschiedeten sich herzlich. Doch kaum hatte sich die Tür hinter Kohl geschlossen, gab Jelzin das Kommando: »Eingießen, allen die Gläser vollgießen! Jetzt haben wir frei. Schenkt ein!«

Heute wird in Russland anders getrunken: weniger und wählerischer. Denn im Kapitalismus musst du gesund und nüchtern sein. Andernfalls kommst du unter die Räder. Menschen, die ständig krankgeschrieben sind, schlecht arbeiten und immer zu spät kommen, werden nicht gebraucht. Statt Wodka gibt es eine Menge Fitnesscenter in Russland. Dorthin geht die Mittelklasse, die jetzt entsteht und die sich das leisten kann. Auch der Gang in die exklusive Banja (russisches Dampfbad, Anm. d. Übers.), wie zum Beispiel in die Sandunow Banja im alten Zentrum von Moskau,

»Trinkt dein Mann viel?« –
»Bis er grüne Teufel sieht!« –
»Und meiner trinkt mit den grünen Teufeln weiter!«

ist sehr populär geworden. Hier lassen es sich die Geschäfts-
männer und Geschäftsfrauen gut gehen und pflegen ihren
Körper. In der Männerbanja gibt es allerdings schon mal Sto
Gramm zu trinken. Erst recht im Restaurant der Banja.

Aber Russland ist auf dem Weg in Richtung Westen ...

ROMAN ABRAMOWITSCH

Der reichste Mann Russlands trinkt sehr gern Wodka. Als
zum Beispiel im November 2007 in Tel Aviv das Fußball-
spiel Israel – Russland stattfand und Abramowitsch unter
den Gästen war, hat die israelische Fußballförderation
ihm und weiteren hundert russischen Geschäftsleuten
zwei Kisten russischen Wodka und Kaviar geliefert. Abramowitsch war bester Laune.

GREGOR GYSI, 29. SEPTEMBER 2008

Auf jeden Fall bewundere ich alle Wodkatrinker schon deshalb, weil ich beim besten Willen das Zeug kaum herunter-
bekomme.

★ BORJA, KOLJA UND ICH ★
DIENSTAG, 14. OKTOBER 2008, 0.15 UHR

Kolja: »Allen Anwesenden empfehle ich, sich noch was
vom Brot und vom sauren Hering zu nehmen. Dann wird
der Wodka besser verdaut.«

Borja: »Sauer ist wichtig. Deshalb ist ja
Sauerkraut eine wundervolle Sakuska!«

Wodka erweitert für kurze Zeit die Gefäße und den Freundeskreis.

Sauerkraut! Wer noch niemals russisches
Sauerkraut vom Markt gegessen hat, so wie es die Bäuerin
macht, hat umsonst gelebt.

Borja driftete wieder in seine alte Heimat ab: »In Sibirien, Brüder, gibt es die wunderbarsten Gerichte!«

Und schon erzählte er von Winter-Okroschka und sibirischen Pelmenis. Und uns lief wieder das Wasser im Mund zusammen.

WINTER-OKROSCHKA

Das ist Suppe aus Kwass. Feste Sülze wird in Würfel geschnitten und mit Meerrettich und Zwiebeln in Kwass eingelegt. Dazu gibt es gekochte Kartoffeln. Statt Sülze kann man auch klein geschnittenen Hering nehmen. Dazu isst man wieder Kartoffeln und klein geschnittene Zwiebeln. Kalte Kwass-Suppe schmeckt wunderbar.

SIBIRISCHE PELMENI

Zuerst wird ein Schwein geschlachtet und ein Teil des Fleisches durch den Wolf gedreht. Dann kommen alle Freunde aus der Nachbarschaft, sitzen um einen großen Tisch herum und stellen aus Teig und Fleisch einen großen Berg Pelmeni her. Die Pelmeni werden portioniert, in Plastiktüten abgefüllt und in den Frost gelegt. Bei uns wurden die Pelmeni nicht nur mit Schweinefleisch und Rindfleisch gefüllt. In die Mischung kamen unbedingt noch Hammelfleisch und Speck, Zwiebeln und Knoblauch. Je dünner der Teig war, in den die Fleischmasse gewickelt wurde, desto saftiger waren die Pelmeni. So eine Teigtasche muss so klein sein, dass man sie als Ganzes in den Mund stecken kann.

Was hätten wir jetzt für diese sibirischen Pelmeni gegeben! Borja ließ nicht locker mit seinen sadistischen Anpreisungen: »Mir fällt gerade noch eine herrliche Sakuska ein! Ucha – Fischsuppe. Aus selbst geangelten Fischen. Für viele unserer lieben russischen Männer ist das Angeln ein Vorwand, die Zeit in Freiheit zu verbringen und sich unkontrolliert zu besaufen.«

»Ich fahre mit meiner Frau angeln.« – »Angelt sie denn?« »Anfangs hat sie geangelt, aber dann hat sie sich mir angeschlossen …«

Stimmt, das Angeln ist meist nur ein Vorwand. Man kann auch auf Pilzsuche gehen.

Langsam war der Moment gekommen, wo unser Gespräch außer Kontrolle geriet. Jeder sagte, was er wollte und wann er wollte, ohne auf den anderen zu achten. Eigentlich redete jeder nur mit sich selbst. Ein Toast musste her!

Kolja: »Auf den Wodka! Er ist ein sehr wichtiger Bestandteil in unserem Leben. Mein Vater und ich, zum Beispiel, verstehen uns nur, wenn wir zusammen ein Gläschen Wodka getrunken haben. Er denkt nämlich immer genau das Gegenteil von dem, was ich im Kopf habe.«

Borja: »Auf den Wodka, der versöhnt die Söhne mit den Vätern!«

Ganz stimmt das nicht. Ein Kollege von mir sagt immer: Wenn ich Cognac trinke, möchte ich jemanden umarmen, trinke ich Wodka, möchte ich jemandem in die Fresse hauen. Wodka wirkt bei jedem anders.

»Brüder, kennt ihr trinkende Frauen? Das ist ein trauriges Kapitel«, beklagte ich mich bei meinen Freunden. »Meine Kollegin, zum Beispiel, trinkt, obwohl sie noch ganz jung ist.«

Borja: »Ich kenne mehrere Frauen, die in aller Einsamkeit trinken. Sie haben niemanden. Und um die Spannung zu lindern, trinken sie.«

»Ich schau dich an und denke – soll ich noch einen trinken oder gefällst du mir schon?«

Kolja: »Ich habe gerade das Gegenteil gehört. Es soll doch jetzt so sein in Moskau, dass immer mehr Menschen immer weniger Wodka saufen. Jedenfalls steht es so in der Zeitung. Die Leute kaufen heute lieber Wein und Cognac. Auch das Bier ist sehr in Mode gekommen. Schrecklich.«

Borja: »Doch, Bruder Kolja! Es gibt viele Frauen, die trinken. Vor allem, wenn sie über fünfzig sind.«

Kolja: »Wodka statt Sex – das ist das Credo der russischen Frau.«

»Hört mal, Brüder, unser Brot ist alle.« Borja brachte uns wieder in die harte Realität zurück. »Jetzt kann mal ein anderer gehen, jetzt bist du dran, Wanja. Ich war gerade vor einer Stunde.«

Kolja: »Richtig, jetzt soll mal Wanja gehen. Hör mal, Wanja. Alles andere ist da, nur Brot nicht. Die Sache hat

Egal wie viel Wodka du kaufst, du musst sowieso mehrmals in den Laden rennen.

nur einen Haken. Wir werden zwar duftendes Brot haben, aber dann ist plötzlich der Wodka zu Ende.«

Ich hatte verstanden. Ich sollte noch eine Flasche mitbringen. Die letzte. Endgültig.

☆ LJUDMILA PETRUSCHEWSKAJA ☆

»DAS LAND«
....

Wer weiß schon, wie die stille Trinkerin mit ihrem Kind, für niemanden sichtbar, in der Einzimmerwohnung lebt, wie sie jeden Abend, so betrunken sie auch sein mag, die Sachen ihrer Tochter für den Kindergarten zurechtlegt, um am anderen Morgen alles bei der Hand zu haben.

Spuren ihrer einstigen Schönheit hat sie bewahrt: die geschwungenen Brauen, die schmale Nase, ihre Tochter dagegen ist ein schlaffes, weißhäutiges, dickes Mädchen, das nicht mal seinem Vater ähnlich sieht, denn der Vater ist ein lebhafter, blonder Mann mit frischen roten Lippen. Wenn die Mutter am Tisch sitzt oder auf dem Sofa liegt und trinkt, spielt die Tochter für gewöhnlich auf dem Fußboden. Dann gehen beide schlafen, löschen das Licht, und am anderen Morgen stehen sie auf, als ob nichts gewesen wäre, und laufen bei Eiseskälte und Dunkelheit in den Kindergarten.

Früher war an eine Flasche überhaupt nicht zu denken, ehe die Tochter eingeschlafen war, aber dann war auch das belanglos, und alles ging seinen Gang. Denn kann es dem Kind nicht egal sein, ob seine Mutter Tee trinkt oder Medizin? Dem Mädchen ist es wirklich egal. Es spielt leise mit seinen alten Spielsachen auf dem Fußboden, und kein Mensch auf der Welt weiß, wie sie zu zweit leben und wie die Mutter alles durchrechnet und überschlägt und zu dem Schluss kommt, dass nichts Schlimmes dabei ist, wenn das Geld, das sie sonst für Mittagessen ausgeben würde, für Schnaps draufgeht. Das Mädchen wird im Kindergarten satt, und sie selbst braucht nichts.

Und so sparen sie, löschen das Licht, gehen um neun ins Bett, und niemand ahnt, welch göttliche Träume Tochter und Mutter haben. Niemand ahnt, wie sie in den Schlaf sinken, kaum dass der Kopf das Kissen berührt, um in das Land zurückzukehren, das sie am frühen Morgen wieder verlassen müssen, um wer weiß wohin die dunkle, eiskalte Straße entlangzulaufen, wo sie doch besser nie wieder aufgewacht wären.

★ NIKITA CHRUSCHTSCHOW ★

Nikita Chruschtschow hatte eine besondere Beziehung zum Wodka. Außerdem war er eine schillernde Figur. Er hat in meinem Leben eine gewisse positive Rolle gespielt.

Chruschtschow trank am liebsten Wodka, und zwar in großen Mengen, und Gorilka mit Pfeffer.

Mein Freund Manfred aus Berlin hat mir einmal ein Lied vorgesungen, ein deutsches Studentenlied über die alten Germanen, in dem komischerweise Chruschtschow vorkommt. Ich habe das Lied meinen Freunden Kolja und Borja beigebracht und schreibe es hier in der Originalsprache auf:

Einst saßen die alten Germanen
Zu beiden Ufern des Rheins.
Einst saßen die alten Germanen
Zu beiden Ufern des Rheins.
Sie saßen auf Bärenfellen
Und soffen immer noch eins
Sie saßen auf Bärenfellen
Und soffen immer noch eins …

Mit Inbrunst wiederholten Kolja und Borja in Deutsch – ich habe sprachbegabte Freunde – immer wieder folgende Strophe:

Da trat in ihre Mitte
Ein Glatzkopf, der unheimlich soff
Da trat in ihre Mitte
Ein Glatzkopf, der unheimlich soff:
»Grüß Gott, ihr alten Germanen
Ich bin Nikita Chruschtscho-o-ow
Grüß Gott, ihr alten Germanen
Ich bin Nikita Chruschtschow!

Nikita Chruschtschows berühmtester Auftritt mit Alkohol im Blut war der auf der 15. Vollversammlung der UNO in New York im September 1960. Kolja, Borja und ich waren damals Studenten und liebten Chruschtschow dafür, dass er auf dem XX. Parteitag Stalin entlarvt hatte, und waren stolz auf ihn, weil er vor der UNO nicht kuschte. Er hielt eine feurige Rede, klopfte mit seinem Schuh auf das Rednerpult und rief in den vor Überraschung und Entsetzen erstarrten Saal eine volkstümliche russische Redewendung: »My wam jestscho pokashem Kuskinu mat!« – wörtlich: Wir werden euch noch zeigen, wer Kuskas Mutter ist! *(Anm. d. Übers.)* Der amerikanische Reporter berichtete folgendermaßen: »Um seine Worte zu unterstreichen, klopft Chruschtschow mit dem Schuh auf das Rednerpult. Und jetzt will er uns noch die Mutter eines gewissen Kuska zeigen.« Alle warteten gespannt darauf, dass sich gleich Kuskas Mutter neben Chruschtschow stellen und mit der Faust aufs Rednerpult schlagen würde. Dabei bedeutet die russische Redewendung lediglich: »Wartet nur, wir zeigen euch noch, was wir können!«

Warum Nikita vor diesem wichtigen Auftritt bloß getrunken hat? Vielleicht war er aufgeregt, wollte sich beruhigen, wollte locker wirken, wer weiß. Er hat ja zu vielen Anlässen getrunken, was seinem Ansehen nie guttat. Während seiner Amtszeit lud er mehrmals die »schöpferische Intelligenz« zu einem Bankett ein. Er schmückte sich gern mit bekannten Persönlichkeiten aus Literatur, Musik und Film.

Der Filmemacher Michail Romm, international bekannt geworden durch seinen Dokumentarfilm »Der gewöhnliche Faschismus«, erinnert sich an eine Begebenheit mit dem betrunkenen Chruschtschow.

··

☆ **MICHAIL ROMM** ☆

»MEINE ERSTE BEGEGNUNG MIT CHRUSCHTSCHOW«
··

Bis zum Dezember 1962 bot sich mir keine Chance, Chruschtschow zu sehen. Doch da wir im Jahrhundert der Medien leben, hatte ich ausreichend Gelegenheit, mich mit seinem Äußeren und seiner Art zu reden bekannt zu machen. Ich glaubte alles über ihn zu wissen. Doch das konnte einen persönlichen Eindruck natürlich nicht ersetzen, und als ich ihn zum erstenmal auf der »Begegnung mit der schöpferischen Intelligenz« sah, hinterließ er einen völlig unerwarteten Ein-

druck bei mir. Einige seiner Charaktereigenschaften verblüfften mich geradezu.

Sie müssen wissen, daß ich bis dahin zu den Verehrern
Chruschtschows gehörte. Ich wurde sogar als »Chrusch-
tschowler« bezeichnet. Seine Rede auf dem XX. Parteitag der
KPdSU hatte mich sehr beeindruckt. Ich war bereit, ihm alles
zu verzeihen.

Meine Landsleute zeichnen sich durch eine besondere
Eigenschaft aus: Egal, was geschieht, sie sind von ihrer
Obrigkeit entzückt. Diese Eigenschaft hatte schon Salty-
kow-Stschedrin in seiner »Geschichte einer Stadt« aufs Korn
genommen. Dort war jedes neue Stadtoberhaupt eine »Seele
von Mensch« oder ein »bildschöner Mann«.

Nun konnte man nicht gerade behaupten, daß Chruschtschow ein »bildschöner Mann« war, aber eine »Seele von
Mensch« konnte man wohl zu ihm sagen. Und alle sagten es,
ich natürlich auch.

Auf dem Gebiet der Kultur standen die Aktien gut, man
konnte frei atmen, die Kunst schritt mit großen Schritten
vorwärts, und wir bestätigten einander von Zeit zu Zeit: »Ein
›bildschöner Mann‹ ist er zwar nicht, aber dafür eine ›Seele
von Mensch‹.« Die Freiheit wurde immer deutlicher sichtbar,
und langsam begann ich an sie zu glauben.

Im Dezember 1962 bekam ich eine Einladung für den
Empfang im Gästehaus der Regierung auf den Leninbergen –
dort wo die komfortablen Villen sind. Im ersten Stock Zimmerfluchten, die mit sittlichen und unsittlichen Gemälden
vollgehängt waren. Hier drängelten sich 300 Leute, vielleicht
sogar mehr. Alle waren gekommen: die Filmemacher, die
Dichter, die Schriftsteller, die Maler und die Bildhauer, die
Journalisten, sogar aus den entlegensten Ecken waren sie
angereist. Die gesamte künstlerische Intelligenz. Es summte
wie in einem Bienenstock, alles harrte der Dinge, die da kommen sollten. Durch die Tür, die ins Empfangszimmer führte,

konnte man gedeckte Tische sehen: weiße Tischdecken, Gedecke und Speisen. Teufel noch eins! Sollte uns etwa ein Bankett erwarten? Sollte das eine Milderung des Kurses ankündigen?

Und in all diesem Gemurmel und diesem gegenseitigen Zunicken erscheint plötzlich die Obrigkeit, die Menge umringt Chruschtschow, Fotoapparate klicken.

Chruschtschow unterhält sich im Gehen, er lenkt seine Schritte zum Empfangszimmer, und alles strömt hinterher. An der Tür bildet sich ein richtiger Menschenstrudel. Jeder will Chruschtschow anfassen. Alle drängen zu ihm hin. Und das Empfangszimmer saugt mit erstaunlicher Geschwindigkeit all diese Leute wie ein Staubsauger in sich hinein.

Ich beschloß, mich nicht unter die Menge zu mischen, aber ehe ich mich versah, war ich im Zimmer. Alle Plätze waren bereits besetzt. Nur ganz hinten in der Ecke winkte mir jemand zu. Genau gegenüber saß Chruschtschow.

Künstler sind bekanntlich ein hungriges Völkchen. Und da türmten sich vor ihren Nasen Stör, Salm, Lachs, Pute, märchenhafte Salate und ähnliche Gaumenfreuden. Und Wodka …

Alle hatten es sich gemütlich gemacht. Ein Glöckchen läutete.

Chruschtschow erhob sich und fing, mit einem Glas Wodka in der Hand, an: »Wir haben Sie alle eingeladen, um uns mit Ihnen zu unterhalten. Doch damit das Gespräch herzlicher und offener wird, essen und trinken wir erst mal was.«

Ungefähr eine Stunde wurde gegessen und getrunken. Dann erhob sich Chruschtschow, der bereits rot im Gesicht war, und alle erhoben sich und begannen zu reden, Stühle wurden gerückt, das Volk strömte in die Zimmerfluchten.

Als die Pause zu Ende war, strömte alles wieder zurück in den Saal. Die Tische waren schon abgeräumt, jetzt kamen die Reden. Anfangs hatte sich Chruschtschow wie ein gnädiger, weichherziger Fabrikbesitzer aufgeführt: Ich bewirte euch, laßt es euch schmecken. Wir reden im Guten miteinander. Und er sagte das so lieb, er sah aus wie ein rundes, glattrasiertes Kügelchen. Auch seine Bewegungen waren kugelrund. Seine ersten Einwürfe ließen sich sehr milde an. Doch dann geriet er, offensichtlich angeregt durch den Wodka, allmählich in Hitze und fiel als erstes über Ernst Neiswestny her. Mich verblüffte der Eifer, mit dem er über Kunst sprach, von der er nicht das Geringste verstand. Er bemühte sich, uns beizubringen, was schön ist und was häßlich, was das Volk versteht und was nicht. Und was ein Künstler ist, der nach dem Kommunismus strebt, und was ein Künstler ist, der dem Kommunismus nicht dient. Und wie schlecht Ernst Neiswestny sei. In seiner Rage suchte er lange nach Worten, um so verletzend und deutlich wie möglich zu erklären, was Ernst Neiswestny sei. Endlich fand er das Passende, und sein rotes Gesicht strahlte. Er sagte: »Ihre Kunst ist, wie wenn einer in ein Klobecken steigt und von dort aus alles betrachtet, was über ihm ist, auch wenn sich einer aufs Klo setzt. Auf diesen Körperteil schaut er von unten, aus dem Klo. Genau so ist Ihre Kunst. Das ist Ihre Position, Genosse Neiswestny, Sie sitzen im Klobecken.«

Wenn du auf dem Tisch schwarzen Kaviar stehen siehst und eine gute Flasche Wodka, ist deine schlechte Laune sofort verflogen, selbst wenn du hundemüde bist. Denn Kaviar und Wodka – das ist Harmonie im höheren Sinne. Du bist sofort beruhigt.

Über solcherart pädagogische Ermahnungen waren nun schon zwei oder drei Stunden vergangen. Chruschtschow kam immer mehr in Fahrt, wir aber, wir waren total erschöpft. Endlich hielt er die Abschlußrede. Einige Absätze habe ich mir gemerkt, die mich durch ihre Logik verblüfften.

Es fing wieder ganz sanft an: »Also«, sagte er, »wir haben Ihnen natürlich aufmerksam zugehört, wir haben miteinander geredet. Doch wer entscheidet letztendlich? In unserem Land entscheidet das Volk. Und wer ist das Volk? Das ist die Partei. Und wer ist die Partei? Das sind wir. Wir sind die Partei. Also entscheiden wir, entscheide ich. Ist das klar?« – »Ja.« –

»Ich erkläre es Ihnen noch an einem anderen Beispiel. Also: Ein Oberst streitet mit einem General. Der Oberst hat sehr überzeugende Argumente. Der General hört sich das eine Weile an und kann nichts einwenden. Als er das Gerede des Oberst satt hat, steht er auf und sagt: ›Also, du bist Oberst, ich bin General. Rechts kehrt, marsch!‹ Und der Oberst macht kehrt und führt den Befehl aus! Genauso ist es mit uns, Ihr seid der Oberst, und ich bin, mit Verlaub, der General. Rechts kehrt, marsch!«

★ BORJA, KOLJA UND ICH ★
DIENSTAG, 14. OKTOBER 2008, 0.30 UHR

Ich kam mit einer Flasche »Staraja Moskwa«, Zigaretten und Brot zurück. Es war gerade mal eine Viertelstunde vergangen. Mir wurden die Einkäufe liebevoll abgenommen, und ich wurde gleich mit der Frage überfallen: »Wanja, erinnerst du dich noch an den Film ›Ironie des Schicksals‹?«

Komische Frage. Diesen Film kennt doch bei uns jeder.

Kolja: »Und weißt du noch, wie der Mann im betrunkenen Zustand zufällig in ein Flugzeug gerät und in einer völlig fremden Stadt landet und dort die Frau seiner Träume findet? Ich hatte mal einen Freund, der kam aus Jugoslawien. Der hat sich in Finnland total betrunken. Seine Freunde haben ihn ins Flugzeug gesetzt. Er flog aber nicht nach Belgrad, wo er hingehörte, sondern aus irgendeinem Grund nach Buenos Aires. Acht Stunden saß er im Flugzeug. In dieser Zeit wurde er nüchtern. Er hatte weder Geld noch Visum noch Pass. Und keine Ahnung, wo er sich befand.«

Borja guckte ungläubig: »Das geht doch gar nicht. Wie ist er denn über die Grenze gekommen?«

Kolja: »Das kann niemand sagen. Aber plötzlich war er in Buenos Aires. Ich weiß nicht mehr, wie er rausgekommen ist. Aber dass er dort war, ist Tatsache. Schenk noch was ein, Bruder!«

Kolja und Borja hielten mir ihre Gläser hin, und ich gab mir die größte Mühe, das Wässerchen gerecht aufzuteilen. Als Borja das »Blubb« hörte, geriet er in Hochform: »Kennt ihr die Geschichte von dem Russen aus einem kleinen Städtchen in der Provinz, der nach St. Petersburg kommt und dort von einer Kneipe in die andere zieht und in jeder nachlädt? In der letzten lernt er ein paar Finnen kennen. Sie haben sich zusammen so besoffen, dass sie ihn aus Versehen in ihren Bus schieben …«

Kolja: »Und er hat die Grenze überquert?«

Borja: »Richtig! Dieser Russe aus der Provinz erwachte in Finnland …«

Das sind doch typische Hirngespinste eines »Sowok«, wie wir den sowjetischen Menschen manchmal ironisch bezeichnen. Aber davon wollte Borja natürlich nichts hören: »Der Mann steigt aus dem Bus, von allen verlassen. Keiner kennt ihn. Er beobachtet, was um ihn herum passiert. Er sieht einen Laster, der die Straße mit Shampoo wäscht. Er denkt: Wahrscheinlich bin ich verrückt. Plötzlich sieht er einen Getränkeautomaten und drückt drei Kopeken hinein, die er zufällig in seiner Tasche findet. Aber es kommt nichts raus. Da sagt er zu dem Automaten: ›Fuck you!‹«

Kolja: »Was, auf Finnisch?«

Borja: »Na, so ungefähr. In freier Übersetzung. Der Mann aus der Provinz leidet. Er kennt die Sprache nicht, er kann niemandem was erklären.«

Ich glaube, das ist ein sowjetisches Fantasieprodukt. Mir kann doch keiner einreden, dass diese Geschichte wirklich passiert ist. Borja aber erzählte ungerührt weiter: »Er hat keine Dokumente bei sich, kein Visum, kein Geld. Ich weiß nicht mehr, wie das endete, aber es war schrecklich.«

In diesem Augenblick stellten wir fest, dass wir alles aufgegessen hatten. Uns blieben nur noch Coca-Cola und Fanta als Sakuska. So jämmerlich kann ein Trinkgelage enden.

Borja stellte entsetzt fest: »Kinder, wenn auch noch der Wodka zu Ende geht, bleibt nur noch Möbelpolitur ›Glanz 77‹. Wie in der Geschichte ›Der Geburtstag eines Toten‹.«

☆ DER GEBURTSTAG EINES TOTEN ☆

Ein Lastkahn fährt auf dem Fluss. Darauf Arbeiter. Sie legen an irgendeiner Stelle an. Entweder war was kaputtgegangen oder sie mussten nachtanken. Einer von den Arbeitern geht ins Dorf, um Selbstgebrannten zu holen. Was er aber findet, ist nur Möbelpolitur »Glanz 77«. Am Morgen wacht er auf, begreift nicht, wo er ist, kommt allmählich zu sich und geht zum Anlegeplatz zurück. Der Weg erscheint ihm sehr lang nach dem Genuss von »Glanz 77«. Als er schließlich an der Anlegestelle ankommt, traut er seinen Augen nicht – den Lastkahn gibt es nicht mehr, er ist über Nacht abgebrannt. Er versucht sich auf anderem Wege in seine Heimatstadt durchzuschlagen. Die Fahrt ist lang und gefahrenreich. Und als er zu Hause ankommt, stellt sich heraus, dass man ihn bereits begraben hat. Im Hafen, in dem er arbeitete, hängt sein Foto, und darunter steht, dass er den Heldentod gestorben ist. Auf dem Friedhof findet er sein Grab ...

»Papa, was ist ein Liter?« – »Das Gleiche wie ein Meter, nur flüssig.«

Kolja: »Warte mal, Borja, da stimmt doch was nicht! Wen haben sie denn statt seiner begraben?«

Borja: »Was soll denn von ihm übrig geblieben sein, wenn der ganze Öltanker abgebrannt ist, Kolja?«

Kolja: »Wenn nichts mehr übrig ist, wozu dann das Begräbnis?«

Borja: »Sie haben ihn symbolisch begraben, verstehst du das nicht? Auf der Trauerfeier wurde Wodka ausgeschenkt, seine Mutter bekam schon eine Rente für den toten Sohn.«

Kolja: »So schnell?«

Borja: »Verstehst du denn nicht, er ist sehr lange unterwegs gewesen.«

Kolja: »Egal, wie lange er unterwegs war, aber dass seine Mutter schon eine Rente bekam, das glaube ich nicht.«

Borja: »Einen ganzen Monat war er unterwegs.«

Kolja: »In Russland bekommt man erst vier Jahre nach dem Tod des Angehörigen eine Rente. Bis dahin kannst du zusehen, wo du bleibst. Ist doch völliger Blödsinn. Ich glaube das nicht.«

Borja: »Das soll doch eine Phantasmagorie sein.«

Da musste ich Borja zustimmen. Bei uns in Russland ist alles eine Phantasmagorie.

Borja: »Als der Sohn noch lebte, ging es der Mutter schlecht. Aber jetzt, nach seinem Heldentod, wird sie von allen hofiert, hat sogar eine Menge Geld. Sie legt Blumen auf das Grab ihres lieben Sohnes, stellt ein Foto hin. Und da kommt der Sohn plötzlich lebendig zurück. Das ist doch eine Katastrophe für sie …«

Kolja: »Völliger Blödsinn.«

Borja: »Eine Phantasmagorie.«

Eine blödsinnige Phantasmagorie, würde ich sagen. So wie in Wenitschkas Roman »Moskau – Petuschki«.

Unsere beste Literatur ist volksverbunden. Und unsere besten Schriftsteller waren Liebhaber des Wodkas: Fjodor Dostojewski, Lew Tolstoi, Anton Tschechow, Michail Bulgakow, Boris Pasternak, Andrej Platonow, Wassili Schukschin, Alexander Wampilow, Wladimir Wyssotzki, der schon erwähnte Wenedikt Jerofejew, Valentin Rasputin. Nennen Sie mir einen, der nicht getrunken hat!

Der schönste Ort zum Trinken war die eigene Küche oder die Kneipe, sofern es eine gab und der Schriftsteller genug Geld hatte. Zu sowjetischen Zeiten gab es in Moskau das »Zentralny Dom Literatorow«, kurz »ZDL« genannt – das »Zentrale Haus der Schriftsteller«. Wie viel Wodka wohl dort durch die Kehlen geflossen ist? »Stolitschnaja«, »Moskowskaja«, »Ochotnitschja«, »Perzowka« – das waren die Lieblingssorten, und sie sind es bis heute geblieben. Im privilegierten ZDL saßen natürlich nur die Schriftsteller, die allgemein anerkannte Mitglieder des Verbandes waren und von der strengen Pförtnerin, die jeden beim Namen kannte, durchgelassen wurden. Dazu gehörten Größen wie Konstantin Simonow und Jewgeni Jewtuschenko. Solche aufmüpfigen Schriftsteller wie Wassili Schukschin, Alexander Wampilow und Wenedikt Jerofejew wurden selbstredend abgewiesen.

Das war nichts Neues. Schon in den zwanziger Jahren gab es einen tiefen Graben zwischen den offiziell anerkannten Schriftstellern und denen, die nicht nach oben kamen. Man kann es nachlesen in »Der Meister und Margarita« von Michail Bulgakow. Dort heißt das Schriftstellerhaus »Gribojedow« und der Schriftstellerverband »MASSOLIT«:

Jeder Besucher, der nicht gerade ein ausgemachter Trottel
war, wurde sofort beim Betreten des Gribojedow inne, wie
gut es die Glückspilze hatten, die der MASSOLIT angehörten,
und der schwarze Neid begann an ihm zu nagen. Ungesäumt
richtete er bittere Vorwürfe an den Himmel, der ihn bei seiner Geburt nicht mit literarischem Talent gesegnet hatte,
ohne das er nicht einmal davon träumen durfte, in den Besitz
des nach teurem Leder duftenden, mit Goldrand verzierten
braunen MASSOLIT-Mitgliedsbuchs zu gelangen, das man in

ganz Moskau kannte. Wer steht auf und sagt etwas, um den Neid zu verteidigen? Es ist ein miserables Gefühl. Aber man muss sich in die Lage des Besuchers versetzen. Das, was er im Obergeschoss gesehen hat, ist ja nicht alles. Das ganze Erdgeschoss des Hauses war ein Restaurant, aber was für eins! Mit Recht galt es als das Beste in Moskau. Nicht nur, weil es in zwei großen Sälen untergebracht war, auf deren gewölbte Decke lila Pferde mit Assyrermähne gemalt waren, nicht nur, weil auf jedem Tischchen eine mit einem Schal verhüllte Lampe stand, nicht nur, weil hier nicht jeder von der Straße hereindurfte, sondern auch, weil das Gribojedow mit der Qualität seines Angebots jedes andere Moskauer Restaurant wie nichts in den Schatten stellte und weil die Speisen und Getränke zu erschwinglichen Vorzugspreisen abgegeben wurden … Punkt Mitternacht hub im ersten Saal ein Dröhnen, Klirren, Scheppern und Schmettern an. Sofort grölte eine dünne Männerstimme lauthals zur Musik: »Halleluuuja!« Die berühmte Tanzkapelle des Gribojedow hatte losgelegt. Die schweißnassen Gesichter schienen aufzuleuchten, die Pferde an der Decke lebendig zu werden, die Lampen helleres Licht zu spenden, und plötzlich, wie von der Kette losgelassen, tanzten beide Säle und auch die Veranda … Es tanzten Mitglieder und geladene Gäste, Moskauer und Zugereiste, der Schriftsteller Johann aus Kronstadt, ein gewisser Kuftik aus Rostow, ein Regisseur wohl, dessen eine Wange mit lila Grind bedeckt war, es tanzten die angesehensten Vertreter der Sektion Lyrik innerhalb der MASSOLIT … und es tanzte ein hochbetagter Mann mit Bart, in dem ein Zwiebellauchröhrchen hing … Schweißrieselnd trugen die Kellner beschlagene Bier- und Wodkagläser über die Köpfe hinweg und schrieen heiser und hasserfüllt: »Vorsehn, Bürger!« Bisweilen übertönte das Dröhnen das Scheppern des Geschirrs, das die Abwäscherinnen über eine schräge Gleitbahn in die Küche beförderten. Kurzum, ein Inferno.

Genau so sah es zuweilen auch später aus im Restaurant des Schriftstellerhauses. Auch ich war manches Mal dort. Meine Schriftstellerfreunde schleusten mich heimlich am Pförtner vorbei, denn ich bin ja kein ausgewiesener Schriftsteller. Wir saßen nicht im Restaurant, dafür reichte unser Geld nicht, sondern nebenan, in dem kleinen Raum mit dem Büfett. Hier ging es demokratischer zu, ja, hier konnte man sogar seine eigene Flasche mitbringen. Hier *In Russland gibt es viel Überflüssiges! Zum Beispiel Wodkareklame.* wurde gelacht und sich über die reichen Schriftsteller und die Sesselfurzer lustig gemacht, die in ihren Büros saßen, ihre verhängnisvollen Entscheidungen über die Literatur fällten und so manches Mal das Schicksal eines talentierten Schriftstellers besiegelten, der nicht in ihr Schema passte.

☆ BORIS PASTERNAK ☆
»DOKTOR SHIWAGO«

Erste Vorboten des Frühlings. Tauwetter. Die Luft riecht nach Plinsen und Wodka wie in der Butterwoche, wie der Kalender sie spielerisch nennt. Schläfrig, mit buttrigen Augen blinzelt die Sonne im Wald, schläfrig zwinkert der Wald mit den Wimpern der Nadeln, buttrig blinken mittags die Pfützen. Die Natur gähnt, streckt sich, wälzt sich auf die andere Seite und schläft wieder ein.

Boris Pasternak liebte das einfache Volk – den Heizer, den Milizionär, den Briefträger. Mit dem Heizer Kusmitsch aus der Schriftstellersiedlung Peredelkino bei Moskau, einem sympathischen und gerissenen Alten, einem witzigen Kerl, führte er lange Gespräche und hatte großen Spaß an seiner deftigen Redeweise und seinen Schimpfwörtern. Dabei tranken sie natürlich Samogon.

★ WIE MEIN FREUND SASCHA ★
SEINEN AUFTRITT IM THEATER VERPASSTE

Sascha trat ins Zimmer. Auf dem Tisch standen eine halb ausgetrunkene Viertelliterflasche Wodka und Porter. Daraus mixten sie die »Tränen der Witwe Popowa«. Neben der Flasche lagen eine Gurke, Brot und harte Wurst. Um den Tisch herum saß Saschas alter Freund Igor mit zwei unbekannten Personen, offenbar Schauspieler wie Sascha und Igor. Sascha hatte Igor schon lange nicht mehr gesehen und freute sich schrecklich über ihn.

»Können wir bei dir übernachten?«, fragte Igor.

»Na klar«, entgegnete Sascha.

Sie holten ein Glas für ihn und schenkten ein.

»Na, schütt hinter das Strafglas!«

»Auf unser Wiedersehen!« Sie tranken alle vier auf ex.

»Brüder, macht's euch gemütlich«, sagte Sascha nach dem ersten Glas. »Nur mein Bett lasst mir frei. Ich muss jetzt los ins Theater. Die Vorstellung fängt gleich an.«

Sascha öffnete den Schrank und wollte sein Kostüm herausholen – einen schwarzen Frack. Die Hosen fand er, das Jackett nicht. Er kramte hier, er kramte dort. Das Jackett war weg.

»Igor!«, rief Sascha laut. »Wo ist nur mein schwarzes Jackett?«

Darauf Igor gelassen: »Was meinst du, was wir hier trinken? Wir haben es versetzt.« Und er zeigte auf die Wodkaflasche. »Keine Angst. Es ist heil. Es liegt im Pfandhaus ...«

Es war bereits 19 Uhr, und das Pfandhaus hatte geschlossen. Was soll's? So verpasste Sascha seinen Auftritt im Theater.

Borja leerte sein Glas und sagte mit trauriger Stimme: »Brüder. Ich muss jetzt losrennen. Die letzte Metro geht gleich. Sonst verschlafe ich morgen.« Er war schon drauf und dran, seinen schweren Körper hochzuhieven, sah aber recht unschlüssig aus.

Kolja zog ihn wieder auf den Stuhl zurück: »Ich hatte einen Freund, der mochte mehr als alles auf der Welt Smirnoff-Wodka.«

Borja hörte Kolja hingebungsvoll zu.

»Eines Tages kam er uns besuchen. Ich lag krank im Bett. Es klingelt plötzlich, und er kommt rein. Nichts im Haus. Das war Anfang der Neunziger, als es sowieso nichts gab. Was tun? Ich hatte noch eine leere Flasche mit einem Smirnoff-Etikett. Ich rannte los und kaufte den billigsten Wodka, den es überhaupt gab, und goss ihn in die Flasche. In der Küche, damit er nichts merkte. Dann brachte ich die angeblich schon geöffnete Flasche ins Zimmer. Mein Freund trank einen Schluck und rief: ›Echter Smirnoff! Donnerwetter!‹ Ich blickte feierlich drein. Was wir wirklich getrunken haben, weiß ich nicht mehr.«

Borja: »Vielleicht russischen Joghurt. Erinnert ihr euch noch, als der Wodka in diesen kleinen Plastikbechern verkauft wurde? Im Volk hieß das ›Russischer Joghurt‹. Den konnte man überall kriegen. 150 Gramm. Anfang der Neunziger, was da nicht alles los war!«

In ein Sommercafé kommt ein junger Mann und geht zur Theke. »Fräulein! Eine Flasche Wodka und eine Flasche Coca-Cola.« Er nimmt die Flaschen und geht. Nach dreißig Minuten kommt er wieder: »Fräulein! Eine Flasche Wodka und eine Flasche Coca-Cola.« Er nimmt die Flaschen und geht. Nach dreißig Minuten kommt er wieder: »Fräulein! Eine Flasche Wodka und eine Flasche Coca-Cola.« Eine Stunde später: »Fräulein! Eine Flasche Wodka und Dingsda … eine Flasche Sprite. Von der Cola wird mir schlecht.«

Wer weiß, was uns noch alles erwartet. Aber ich denke, alles wird gut. Wir sind im Aufschwung. Vor zwei Tagen war ich auf der Datscha und wollte meine Sto Gramm trinken. Ich ging in den Laden, da gab es kein Fläschchen zu hundert Gramm. Aber es gab ein Wunder – ein Wasserglas mit einem Deckel. Ich habe es für nur sage und schreibe 30 Rubel gekauft. Genau 100 Gramm. Ich war so glücklich. Das Wasserglas habe ich aufgehoben, so ein hübsches, geschliffenes.

Borja: »Ich muss jetzt wirklich gehen, Brüder. Wir holen jetzt keine neue Flasche mehr!«

Kolja: »Auf keinen Fall. Wir gehen jetzt alle!«

Zehn Minuten später verließen Borja und ich Koljas Kabuff in Richtung Metro »Puschkinplatz«. Kolja blieb doch noch sitzen. Er habe noch was zu tun, sagte er. Auf dem Weg zur Metro kamen Borja und ich an einem Schnapsladen vorbei, der noch offen hatte. Wie spät es inzwischen war, wussten wir beide nicht. Borja kaufte eine kleine Flasche Cognac, die wir gleich auf der Straße austranken.

»Ein guter Abschluss!«, meinte er. »Auf Wodka Cognac.« Dann rannten wir zur Metro. Aber ob wir die letzte
Bahn noch geschafft haben … Irgendwie kann ich mich
an nichts mehr erinnern.

Hier enden Iwan Wodkins Aufzeichnungen auf dem
Computer. In einer Datei fand die Nichte Natascha folgende
Texte. (Anm. d. Übers.)

☆ SOWJETISCHE WODKASORTEN ☆

»Moskowskaja Osobaja«, »Solotoje Kolzo«, »Stolitschnaja«,
»Pschenitschnaja«, »Limonnaja«, »Krepkaja«, »Gorilka«, »Perzowka«, »Subrowka«, »Ekstra«, »Posolskaja«, »Russkaja«, »Kubanskaja«, »Sibirskaja«, »Jubilejnaja«, »Starka, »Petrowskaja«,
»Wodka osobaja«, »Ochotnitschja«.

★ WODKANAMEN ★

Jeder, der in Russland Wodka trinkt, verknüpft mit einem
bestimmten Wodka die eine oder andere Geschichte.
Hörst du zum Beispiel den Namen »Ochotnitschja«,
erinnerst du dich, wann und mit wem und wo und mit
welchen Folgen du diesen Wodka getrunken hast. Sagst
du einem Russen einen Wodkanamen, öffnet sich für ihn
eine ganze Welt.

Der echte russische Wodka kommt im Prinzip mit
nur zwei Namen aus: mit »Moskowskaja Osobaja« und
»Stolitschnaja«. Ersterer ist ein alter Wodka, der schon
im 19. Jahrhundert gebrannt wurde. Letzteren gibt es seit
1939, und ihm wird ein bisschen Zucker zugefügt, damit er
weicher ist. Alle anderen Bezeichnungen haben mit dem
Wodka an sich nichts zu tun. Das ist so ähnlich wie mit den

Bezeichnungen von Weinen – Merlot, Cabernet, mehr ist nicht nötig. Jeder weiß, wie dieser Wein schmeckt. Und wie beim Wein – ob er nun rein oder gepanscht ist – wird auch beim Wodka insbesondere eines unterschieden: rein oder nicht rein.

In Moskau gibt es zum Beispiel den Wodka »Staro-russkaja« zu kaufen. Das ist ein ausgedachter Name, der aussagt, dass der Wodka »altrussisch« ist. Aber der alte

russische Wodka war weitaus schlechter als der jetzige, da Filtration und Destillation heute viel besser sind. Und er hatte nur 23 bis 25 Grad, dabei muss er doch nach Mende-lejew idealerweise 40 Grad haben.

Kann man am Geruch oder an der Farbe des Wodkas erkennen, ob er gut oder schlecht ist? Meist nicht. Erst am nächsten Morgen weiß man, was man getrunken hat. Das ist ein großes Risiko.

»Moskowskaja Wodka« – der Name weist darauf hin, dass dieser Wodka in Moskau hergestellt wurde, und zwar bereits im 14. Jahrhundert. Die Bezeichnung »Moskauer Wodka« garantiert auch, dass hier das rich-tige Mischungsverhältnis zwischen Wasser und Spiritus herrscht – 40 Grad, was auch als die »goldene Mitte« bezeichnet wird.

★ DAS WORT »WODKA« ★

In der Literatur taucht das Wort »Wodka« erst sehr spät auf, da es lange Zeit als Jargonausdruck galt. Allerdings ver-wendet es Alexander Puschkin relativ häufig, zum Beispiel in seinem großem Poem »Jewgeni Onegin« – »Russkaja Wodka«. In der »Hauptmannstochter« treffen wir auf Aniswodka.

In der normativen russischen Sprache taucht »Wodka« jedoch erst in den sechziger Jahren des 19. Jahrhunderts in seiner jetzigen Bedeutung auf. Zum Beispiel in medi-zinischen Werken, in Kochbüchern, in »Lehrbüchern für den Haushalt«.

Der »Smirnoff« wird auf der ganzen Welt geehrt. Er wird heute in allen besseren Alkoholläden verkauft.

Die Smirnows waren eine berühmte Familie. Ihre Wodkafabriken entstanden nach der Abschaffung der Leibeigenschaft in Russland, als die Regierung 1862 die Wodkaherstellung erlaubte. Iwan Alexejewitsch Smirnow und sein Neffe Pjotr gründeten, unabhängig voneinander, Fabriken und öffneten eigene Verkaufsläden in Moskau. Von Anfang an waren diese beiden Männer verbissene Konkurrenten, was nicht gerade zur Qualität des Getränks beitrug. Im Gegenteil – alle beide senkten die Selbstkosten und verringerten die Herstellungskosten, denn der Gewinn stand im Mittelpunkt.

Besonders billigen Wodka verkaufte Pjotr an die armen Leute, was den Ruhm des »Smirnow« im Volk begründete. Pjotr war auch ein Meister der Reklame, er scheute sich nicht, seinen Wodka als Zarenwodka zu verkaufen. Und das ungebildete Volk fiel darauf herein. Dabei war der Smirnow-Wodka Nr.1 oft viel schlechter als andere Wodkasorten, wie sich später bei Kontrollen herausstellte. Er enthielt viel Fusel, wie Mendelejew bei seinen chemischen Analysen herausfand. Die Nummern 20, 21, 32, 40 waren gut, aber nicht besser als andere Sorten. Die Nachfolger von Pjotr Smirnow kamen auf einen anderen Reklametrick: Auf dem Etikett, vor allem im Ausland, stand, dass es diesen Wodka seit 1818 gab. Dabei existierte zu dieser Zeit nicht einmal der Name Smirnow, da der Großvater Leibeigener gewesen war. Aber der Effekt war gewaltig: Vor allem im jungen Amerika galt die alte Jahreszahl als Gütesiegel.

Der Smirnow-Wodka der Firma von Iwan Smirnow

war noch schlechter. Er enthielt Fusel, Aldehyde und andere schädliche ätherische Öle. Er wurde langsam durch andere Sorten vom Markt verdrängt.

Die Hersteller des Smirnow-Wodkas zogen ihre Lehren aus den chemischen Analysen. Sie fügten ihrem Wodka Pottasche hinzu, damit er weicher und süffiger wurde und der Fuselgeruch verschwand. Ein weiteres Geheimnis, das erst Anfang des 20. Jahrhunderts gelüftet wurde, war, dass weder Iwan noch Pjotr Smirnow den Spiritus selbst herstellten, sondern ihn billig bei anderen Produzenten, bei Bauern und kleinen Fabriken im Bezirk Tula oder gar in Estland kauften. Oft war dieser Alkohol nicht aus Roggen, sondern aus Kartoffeln hergestellt worden. Und es ist erwiesen, dass Kartoffelschnaps beim Menschen Aggressivität erzeugt, er wird unberechenbar und brutal, während Getreideschnaps und vor allem Roggenschnaps lediglich eine gewisse Schläfrigkeit und gutmütige Verdummung herbeiführen.

Nach der Revolution von 1917 emigrierten die verschiedenen Smirnows aus dem revolutionären Russland und gründeten in den USA Wodkafabriken. 1933, nach der großen Wirtschaftskrise, wurden diese Fabriken an eine amerikanische Firma und dann wiederum an die englische Company »Grand Metropolitan« verkauft. Seit dieser Zeit existiert der Wodka »Smirnoff« nur noch auf dem Etikett, um Säufer und andere Wodkatrinker an der Nase herumzuführen.

In Michail Bulgakows Roman »Der Meister und Margarita« ist Margarita die Geliebte des Meisters und ein richtiges Weib, das den dringenden Wunsch hat, jung und schön zu bleiben. Der Gehilfe des Teufels, Asasello, fertigt für Margarita eine besondere Creme an, die sie verjüngt und ihr sogar die Fähigkeit verleiht, wie eine Hexe zu fliegen. Da war bestimmt ein kleines Tröpfchen Wodka dabei.

Denn auch in der Kosmetik spielt der Wodka eine große Rolle. Leider sind viele Rezepte schon fast vergessen, da die Leute heute lieber französische oder amerikanische Produkte kaufen.

Dabei ist die Wirkung des Wodkas auch auf diesem Gebiet nicht zu unterschätzen. Die Erfahrungen sind jahrhundertealt. Damit sie nicht ganz verloren gehen, schreibe ich einige Mixturen auf, denn der Wunsch, schön und jung zu bleiben, ist wohl jedem Menschen, Mann wie Frau, eigen.

Mit den hier vorgestellten Wodkamixturen erlangt man zwar nicht die Fähigkeit zu fliegen wie die Hexe Margarita, aber eine verjüngende Wirkung ist nicht von der Hand zu weisen. Und das Beste: Man kann alles leicht selbst herstellen.

REZEPTE FÜR DIE HAUT

Gurkenlotion

Eine Lotion aus Gurken ist ein wunderbares Mittel, um die Haut heller und strahlender zu machen. Man zerkleinert 100 Gramm geschälte Gurken, gießt 100 Milliliter Wodka darauf, lässt das Ganze eine Woche ziehen und seiht die Mixtur durch, indem man sie auspresst. Die fertige Lotion bewahrt man am besten im Kühlschrank auf.

Zitronenessenz

Diese Essenz hat ebenfalls eine aufhellende Wirkung und eignet sich vor allem für fettige Haut.

Man presst den Saft einer Zitrone aus und vermischt ihn mit 100 Milliliter Wodka. Die Mixtur ist bereits nach 24 Stunden fertig.

Antifleckenmilch

Unbeliebte braune Flecken im Gesicht kann man ganz einfach loswerden: Man mischt zu gleichen Teilen frische, nicht pasteurisierte Milch und medizinischen Spiritus und reibt die Mixtur vor dem Schlafengehen in die Gesichtshaut ein.

Rosmarin-Mixtur

Gegen Falten bei fettiger Haut hilft Rosmarin-Mixtur. Man nimmt einen Esslöffel Rosmarin und übergießt ihn mit einem Glas Wodka. Die Mischung muss sechs Wochen ziehen, wobei sie jeden zweiten Tag geschüttelt wird. Aufbewahrt wird sie an einem kühlen Ort. Zweimal am Tag, morgens und abends, Gesicht und Hals mit dieser Lotion einreiben.

Sahnecreme

Die Geschmeidigkeit und Spannkraft der Haut kann man für viele Jahre mit Sahnecreme erhalten. Man mischt

200 Milliliter dicke süße Sahne, ein Eigelb und den Saft einer Zitrone mit 20 Milliliter Wodka. Die Creme wird im Kühlschrank aufbewahrt.

Handcreme

Bei schuppiger Trockenheit der Hände und kleinen Rissen an den Fingerkuppen nimmt man folgendes Mittelchen: Zu gleichen Teilen mischt man reinen medizinischen Spiritus und Glyzerin. Mit der entstandenen Mixtur cremt man die Hände wie mit einer Handcreme ein.

REZEPTE FÜR DIE HAARE

Die Grundvoraussetzung für schönes glänzendes Haar ist natürlich das Waschen mit reinem weichem Wasser. Ich kannte eine junge Frau, Maria, die aus der Provinz nach Moskau zog. Sie klagte darüber, dass ihr Haar nicht mehr glänze, denn sie müsse es nun mit Moskauer Leitungswasser waschen. Wie schön weich sei ihr Haar in ihrer kleinen Stadt gewesen, weinte Maria. Dort hätten sie so gutes Wasser gehabt. Einige Frauen aus meinem kleinen Datschenort machen sich die Mühe und waschen ihr Haar mit weichem Wasser, das sie auf alte Weise im Eimer mit einer Winde aus dem tiefen Brunnen hochziehen. Aber auch in der Großstadt kann man etwas für sein Haar tun.

Haarwuchsmittel

Damit die Haare schneller wachsen, kann man beim Waschen dem letzten Spülwasser einen Esslöffel Wodka beifügen.

Oder: Man reibt die Kopfhaut mit Zwiebel- oder Bir-

kensaft ein, der mit Wodka und einem Sud aus Kletten-
wurzel vermischt wurde.

Oder: Man lässt rote bittere Paprikaschoten in Wodka
ziehen und gibt ein Eigelb und Klettenöl hinzu. Diese
Mixtur wird einmal in der Woche in die Kopfhaut eingerieben. Über die Haare wird eine Zellophantüte gestülpt,
darüber ein Frotteehandtuch. Nach zwei Stunden werden
die Haare mit einem Wodkaauszug aus Brennnesseln und
Minze gespült.

Paprikaessenz

Bei Haarausfall wird das Haar mit einer Paprikaessenz
behandelt. Eine bittere rote Schote zerkleinern und mit
100 Milliliter Wodka übergießen. Das Gemisch zieht sieben Tage. Diese Essenz wird drei Tage hintereinander vor
dem Schlafengehen in die Kopfhaut eingerieben. Danach
wird der Kopf gewaschen und nochmals drei Tage hintereinander mit der Essenz eingerieben. Dann wird der
Kopf erneut gewaschen und mit Knoblauch eingerieben.
Dafür nimmt man eine Knoblauchzehe, teilt sie in der
Mitte durch und reibt mit der Schnittfläche die Kopfhaut
ein. Nach einer Woche wäscht man wieder die Haare und
wiederholt die Prozedur.

Bei diesem Rezept trifft der Satz zu: Wer schön sein
will, muss leiden. Knoblauch im Haar! Es empfiehlt sich,
diese Prozedur in Einsamkeit durchzuführen.

Antischuppenmittel

Zehn Teile Chinarinde mit 100 Teilen Wodka aufgießen.
Dazu fügt man drei Tropfen Rosenöl und einen Teelöffel
Rizinusöl. Mit dieser Mixtur wird die Kopfhaut jeden Tag
eingerieben, bis die Schuppen verschwinden.

1917 Die sowjetische Regierung verlängert das Wodkaverbot der Zarenregierung

1923 Die Herstellung und der Verkauf von Wodka werden wieder aufgenommen

1937 Anwendung erster sowjetischer Rezepturen; das Sortiment wird vergrößert

1938–1940 Wodka wird nur aus Getreide hergestellt (Roggen, Weizen, Gerste, Hafer) und durch Holzkohle aus Birken und Linden, die es bis zum Zweiten Weltkrieg in großen Mengen in Russland gab, gefiltert. Der in dieser Zeit hergestellte Wodka ist von ausgezeichneter Qualität

1941–1944 Während des Zweiten Weltkriegs wird die Wodkaherstellung gedrosselt

1948 Die Wodkaherstellung erreicht wieder den Vorkriegsstand; die Technologien werden verbessert

1970/71 Die Technologie wird weiter verbessert, das Sortiment vergrößert: Zu den Wodkasorten »Moskowskaja Osobaja«, »Stolitschnaja« und »Ekstra« kommen »Posolskaja« und »Sibirskaja« hinzu

1986 Michail Gorbatschow verkündet per Dekret ein Alkoholverbot, was die Liquidierung einiger Alkoholfabriken oder deren Umrüstung auf alkoholfreie Getränke nach sich zieht. Es folgt ein vermehrtes Brennen von Samogon und die Verwendung von technischem Alkohol, der in vielen Fällen zum Tod, zum Erblinden und zu Krankheiten führt

1990 Gorbatschows Dekret wird wieder aufgehoben. Es beginnt der Wiederaufbau der alten Wodkafabriken und die Wiederherstellung der Reputation des russischen Wodkas

1990–1992 Trotz aller Bemühungen der Wodka-Industrie kommt es zu einer Krise als Folge des vorangegangenen Alkoholverbots

1992 Boris Jelzin erlässt einen Ukas, der das Staatsmonopol über die Wodkaherstellung und den Verkauf aufhebt. Es kommen Fälschungen auf den Markt, Wodkasorten mit niedriger Qualität, giftiger Wodka aus technischem Alkohol. Auch viele ausländische Wodkamarken werden gekauft. Dies hat negativen Einfluss auf die Finanzlage des Staates, abhängig vom Wodkaverkauf, vor allem von den Steuern

1993 Boris Jelzin nimmt seinen Ukas zurück und führt das Staatsmonopol wieder ein

TEXT- UND BILDNACHWEIS

Für die freundliche Genehmigung zum Abdruck der Texte
danken wir

Thomas Reschke für die Übersetzung von
Michail Bulgakow: Der Meister und Margarita
Boris Pasternak: Doktor Shiwago
Wladimir Woinowitsch: Die denkwürdigen Abenteuer des
Soldaten Iwan Tschonkin

© Piper Verlag GmbH für Wenedikt Jerofejew: Die Reise nach
Petuschki. Ein Poem. Aus dem Russ. von Natascha Spitz,
München 1978.

© S. Fischer Verlag GmbH für Thomas Mann: Über den Alkohol.
Aus: Ders.: Gesammelte Werke in dreizehn Bänden. Band XI.
Reden und Aufsätze 3, Frankfurt am Main, 1960, 1974

© S. Fischer Verlag für Thomas Mann: Russische Anthologie.
Aus: Ders.: Gesammelte Werke in dreizehn Bänden. Band X.
Reden und Aufsätze 2, Frankfurt am Main, 1960, 1974

Dank für den Abdruck der Illustrationen gilt

NEL/Joan Cozacu (S. 89, 91, 160)
Anna Leetz (S. 18, 52, 102, 156)

Alle übrigen Bilder stammen aus dem Privatarchiv des Autors
und aus dem Moskauer Wodka-Museum. In einigen Fällen
konnten Bildrechteinhaber leider nicht ermittelt werden.
Berechtigte Honoraransprüche bleiben gewahrt.

ISBN 978-3-359-02240-4

© 2009 Eulenspiegel Verlag, Berlin
Umschlaggestaltung: Verlag
unter Verwendung einer Illustration von NEL/Joan Cozacu
Druck und Bindung: CPI Moravia Books GmbH

Ein Verlagsverzeichnis schicken wir Ihnen gern:
Eulenspiegel · Das Neue Berlin Verlagsgesellschaft mbH & Co. KG
Neue Grünstr. 18, 10179 Berlin
Tel. 01805/30 99 99
(0,14 €/min. aus dem deutschen Festnetz,
abweichende Preise für Mobilfunkteilnehmer)

Die Bücher des Eulenspiegel Verlags erscheinen
in der Eulenspiegel Verlagsgruppe.

www.eulenspiegel-verlag.de